本书为贵州省教育厅高等学校科学研究项目“基于[illegible]字资源建设研究（黔教技〔2022〕339号）”，国家社科基[illegible]出版项目（22FYYB022），贵州省人文社科示范基地项目[illegible]人文社会科学“贵州‘村BA’‘村超’研究（2023GZGXRW114）”，六盘水师范学院学科团队学科教学（语文）（LPSSY2023XKPYTD06），六盘水师范学院一流专业（汉语言文学）建设点项目（LPSSYylzy2004），六盘水师范学院汉语言文学专业卓越教师培养计划（LPSSYzyjypyjh201701），语言学教学团队的阶段性研究成果。

数字化时代语言资源建设与语言教育应用研究

刘莉　著

吉林出版集团股份有限公司
全国百佳图书出版单位

图书在版编目（CIP）数据

数字化时代语言资源建设与语言教育应用研究 / 刘莉著. -- 长春：吉林出版集团股份有限公司，2024.1
ISBN 978-7-5731-4534-5

Ⅰ. ①数… Ⅱ. ①刘… Ⅲ. ①语言学－资源建设－研究②语言教学－研究 Ⅳ. ① H0

中国国家版本馆 CIP 数据核字 (2024) 第 038248 号

SHUZIHUA SHIDAI YUYAN ZIYUAN JIANSHE YU YUYAN JIAOYU YINGYONG YANJIU
数字化时代语言资源建设与语言教育应用研究

著　　者　刘　莉
责任编辑　杨　爽
装帧设计　优盛文化

出　　版　吉林出版集团股份有限公司
发　　行　吉林出版集团社科图书有限公司
地　　址　吉林省长春市南关区福祉大路 5788 号　邮编：130118
印　　刷　河北万卷印刷有限公司
电　　话　0431-81629711（总编办）
抖 音 号　吉林出版集团社科图书有限公司 37009026326

开　　本　710 mm × 1000 mm　1 / 16
印　　张　14
字　　数　250 千
版　　次　2024 年 1 月第 1 版
印　　次　2024 年 1 月第 1 次印刷

书　　号　ISBN 978-7-5731-4534-5
定　　价　88.00 元

前　言

在21世纪初，随着信息技术的飞速发展和经济全球化进程的加快，人类进入数字化时代。在这个时代中，信息的流通和处理变得前所未有的便捷和高效，不仅改变了人们的生活方式，也深刻影响了教育、商业等多个领域的运作模式。而在语言教育方面，数字化技术为语言教学带来了新的机遇和挑战。随着人们对外语的学习需求不断增加，以及各种文化交流的推动，有效的语言资源建设和应用变得越来越重要。

在此背景下，《数字化时代语言资源建设与语言教育应用研究》应运而生，旨在探讨这一振奋人心的跨学科领域。因为本书涉及语言教育，所以比较注重语法规范方面。通过严谨的语言表达和准确的信息传达，本书不仅为读者提供了数字化时代语言资源建设与语言教育应用的相关内容，也展示了语言的力量和美感，反映了数字化时代中语言学习和教育的核心价值和意义。

《数字化时代语言资源建设与语言教育应用研究》是一本关于数字化时代下语言资源建设及语言资源在教育方面应用的专著。本书共分为八章，主要介绍了数字化时代语言资源的概述、信息存储与检索技术、获取与处理、建设与使用的主要原则、在语言教育中的实践应用和创新发展、在国际语言教育中的应用，以及结论和展望等内容。

具体而言，第一章介绍了语言资源的定义、类型、应用、特点、功能和发展历程。在数字化时代，语言资源的重要性愈加凸显，语言资源不仅是信息交流的核心工具，更是跨文化沟通、科技创新、经济发展和人类共同理解的基石。

第二章介绍了数字化时代语言资源的信息存储与检索技术，包括数据的存储与备份、数据压缩技术、基于内容的信息检索技术和跨语言信息检索等内容，为后续的语言资源获取与处理提供了理论基础，有助于人们加深对语言资源获取与处理的理解。

第三章介绍了数字化时代语言资源的获取与处理，包括数字化时代语言资源的分类、描述和处理，以及元数据和资源描述框架等内容，为后面语言资源建设和使用的阐述奠定了基础。

第四章介绍了数字化时代语言资源建设与使用的主要原则，包括静态与动态相结合、人工与自动相结合、建设与使用相结合等原则。

第五章介绍了数字化时代语言资源在语言教育中的实践应用，包括数字化时代语言资源在语言教育中应用的场景、案例分析和效果评估等内容。

第六章着重探讨了数字化时代语言资源在语言教育中的创新发展途径，包括提高语言资源的品级与价值，提升人工智能中的语言智能技术，丰富语言资源在语言教育中的应用模式等内容。通过对这些内容进行深入分析可知，本章不仅描绘了语言资源在教育领域的应用现状，还勾勒出未来的发展蓝图，为读者提供了富有洞见的思路和具有启发性的参考，对语言资源在教育领域的进一步应用与扩展起到积极的推动作用。

第七章先阐述了语言资源在国际教育合作中的作用，后通过实际案例展示了国际语言教育项目如何有效利用数字化资源，强调了在跨文化语言教育中应用这些资源所面临的挑战，并探索了如何借助新兴技术（人工智能和虚拟现实）来改善语言学习体验和提高教学效果。

第八章进行了总结和展望，概括了前面的主要观点和结论，重申了数字化时代语言资源在语言教育中的重要意义和作用。同时，这一章对未来语言资源在语言教育中的发展趋势进行了展望，包括应用场景的拓展等。

笔者希望本书能够为相关领域的研究者和从事语言教育工作的人员提供有益的参考和启示，为数字化时代语言资源在语言教育中的应用和发展提供有力支持。

目　录

第一章　数字化时代语言资源概述

在数字化时代，语言资源在许多领域，特别是在语言教育方面，已经成了一个备受关注的核心话题。本著作正是从这一背景出发，旨在对数字化时代的语言资源建设与语言教育应用进行全面研究和深入探讨。本章介绍了数字化时代语言资源：首先探索了语言资源的定义、类型及应用，阐明了它在现代社会和教育体系中的核心地位；其次，通过分析语言资源的特点，揭示了其多样性和复杂性；再次，阐述了语言资源的功能；最后，回顾了语言资源的发展历程，描绘了从传统到数字化时代的演变脉络，特别是近年来，在人工智能和大数据分析的推动下，语言资源如何融入各个领域，实现从理论到实践的飞跃。

第一节　语言资源的定义、类型及应用

在信息化时代，语言教育与语言研究对语言资源的需求加大，对于语言资源建设和应用提出了更高的要求。语言资源有多重理解。从语言本体来看，语言资源本质上是一种社会资源，为社会所创造、利用，并为社会的需要而改变，形式上表现为有声言语表达以及各种文本等。从语言信息可被存储、加工和应用的特点来看，语言资源是有目的建设的、可被规划的语言数据，基本形式是面向不同领域应用的、多种模态的语料库、知识库、数据库等，还包括各种网站中的电子文本以及有声资源等。其中，语料库及知识库作为语言资源建设的基本形式和最重要的成果，推动了相关领域的发展。在CNKI数据库以“语料库”为主题词检索文献，可以发现，2000年至2015年相关研究文献增长了近8倍。在外语教育领域，数据驱动学习（DDL）思想促进了教学中的语料库应用。这一思想强调利用真实数据驱动学习过程，促使学生更深入地了解语言使用的实际场景，从而提高教学效果。与此同时，知识库构建与语言信息处理和语言智能研究及应用开发紧密相连。例如，当前面向国际汉语教育的知识库建设刚刚起步，成熟的资源有限，相关领域还有较大的探索空间。这不仅揭示了知识库在教育和研究中的重要作用，也暗示了未来语言资源领域的发展方向和潜力。

一、语言资源的含义

本部分将对语言资源的定义进行详细阐释：首先从广义和狭义两个角度揭示其内涵；其次，通过探讨语言学、计算机科学、教育等不同领域对于语言资源的理解，分析数字化时代对于语言资源概念的影响；最后，讨论学界在语言资源定义方面的共识与差异，目的在于更为深入、全面地挖掘语言资源的本质和价值，为后续章节的研究和讨论提供坚实的理论基础。

（一）广义和狭义的解读

语言资源是人们研究、理解和使用语言的重要工具。在不同的领域和背景下，语言资源的定义可能会有所不同，但总的来说，它们都与语言的使用和研究有关。在这里，笔者将深入探讨语言资源在广义和狭义上的定义，以便让人们更好地理解它们的内涵和用途。

在广义上，语言资源可以理解为任何形式的语言表达，包括书面和口头形式，如人们在日常生活中遇到的各种书籍、文章、讲话、对话、广播、电影和电视节目等。这些资源无处不在，为人们提供了无尽的语言学数据。这些数据不仅反映了语言的使用情况，也揭示了语言的发展趋势和变化规律。例如，通过分析报纸中的文章，人们可以了解某种语言的词语和语法规则，也可以了解社会的发展趋势和文化背景。通过观看电影和电视节目，人们既可以了解口语的实际使用情况，也可以了解人们的生活方式和价值观。因此，在广义上，语言资源是人们理解和研究语言的重要工具。

在狭义上，特别是在计算语言学领域，语言资源通常是指专门为计算机程序设计的、结构化的、用于训练和测试的语言数据。这些数据通常会按照特定的规则进行格式化和标注，以便计算机程序能更好地理解和处理。例如，一个英语语料库可能包含大量的英语句子，每个句子都按照特定的语法规则进行了标注。通过训练，计算机程序可以了解这些规则，从而更好地理解和生成英语语句。在这种情况下，语言资源不仅是研究语言的工具，也是开发和优化语言处理程序的重要资源。

（二）不同领域中的定义解读

对于语言资源的含义，不同领域可能有不同的理解和解读，这主要取决于该领域的研究目标和应用需求。

在语言学领域，语言资源被视为研究语言、语言变异和语言使用模式的重要素材。其既包括原始的语言数据，如口语、书面语料，乃至多语种、方言的音频、视频记录等；也包括经过人工加工的语料，如词频表、标注语料库等。语言学家通过分析这些语言资源，能够对语言的本质、规律和变化有

深入的理解和洞察，进而形成理论模型，推动语言学的发展。

在计算机科学，尤其是在自然语言处理（NLP）领域，语言资源是指用于机器学习模型训练和评估的标注语料，主要包括词性标注语料库、情感分析语料库、命名实体识别语料库等。这些语料库通常包含大量已经经过人工标注的数据，如标注了词性的单词、标注了情感极性的句子、标注了实体类型的段落等。这些语料库是训练和评估机器学习模型的基础。其训练和评估的模型有分词模型、词性标注模型、命名实体识别模型、情感分析模型等。

在教育领域，语言资源的定义则拓宽为用于教学的各类教学媒体，主要包括教材、课件、习题以及教学软件等。这些资源都是为了教学目标而设计和准备的，旨在提升学生的语言能力，增进对语言知识的理解，提升语言学习的效果和体验。教育领域的语言资源既有传统的，也有现代的。也有现代

在信息检索和数据分析领域，语言资源可能被定义为用于构建和优化搜索引擎的大规模文本数据。搜索引擎需要处理和理解大量的文本信息，以便为用户提供精准和相关的数据信息。因此，大规模的网页数据、新闻数据、社交媒体数据等都被视为重要的语言资源。这些数据可以用来训练和优化搜索算法，改善搜索质量和用户体验。

（三）数字化时代下的含义转变

在数字化时代，语言资源的定义发生了重大的转变。以往的语言资源多为纸质的书面语料，或者是口头语料的录音、录像。然而，随着互联网的普及和大数据技术的快速发展，语言资源的范围和形式发生了巨大的变化，现今包括网络文本、社交媒体内容、电子邮件、微博、微信公众号，乃至音频和视频等各种形式的语言资源。

今天，人们生活在数字化世界中，这些新型的语言资源，由于其规模巨大、实时性强以及丰富多样，为语言研究和应用提供了新的可能。与此同时，丰富多样的数字化语言资源不仅改变了语言资源的获取方式，也改变了人们对语言资源的理解和应用。在数字化时代，语言资源的定义已经不再局限于语言本身，而是更加强调其可计算性和可操作性。这种转变的背后，是人们对大数据的处理能力和智能计算技术的期待。

语言资源往往需要经过特定的处理和格式化，以便用于数据挖掘、信息检索、自然语言处理、机器学习等计算任务中。例如，以前的语料库可能是一本词典或者一套语法书，而现在的语料库可能是一个包含数百万条信息的数据库，或者一个包含数千小时语音的音频库。这些大规模的、多元的数字化语言资源，无疑为语言学研究、机器翻译、情感分析、语音识别等领域提供了前所未有的可能。当然，数字化语言资源的应用也带来了一些新的挑战。例如，如何有效地存储和管理这些规模巨大的数据？如何保证数据的质量和安全性？如何从大量的数据中挖掘出有价值的信息？如何处理不同语言、不同文化背景的语言资源？这些问题是亟待解决的问题。

（四）学界对语言资源含义的共识和差异

学界对于语言资源的含义存在一定程度的共识，通常认为语言资源是用于研究、分析和应用语言的数据和工具。然而，在不同的学科领域中，人们对于语言资源的认知可能存在一定程度的差异。这些差异主要体现在对语言资源的关注点和应用目标方面。

在语言学领域，研究者通常更关注语言资源的真实性和代表性。他们希望语言资源能够全面地反映语言现象，以便从中提炼出语言规律、发现语言变化趋势以及预测和描述语言使用模式。因此，在语言学领域，要求语言资源具有较高的生态有效性，既要包含各种语言使用场景，又要反映不同的语言层次和结构。在计算语言学领域，研究者往往更关注语言资源的可计算性和标注质量。他们需要通过计算机程序处理和分析大量的语言数据，从而实现自动翻译、情感分析、语音识别等。在这种情况下，对于语言资源的定义更强调其结构化程度、易于计算和处理的特性。因此，计算语言学领域的语言资源往往需要经过特定的格式化、标注和预处理。在教育领域，研究者比较关注语言资源的教学价值和有效性。他们希望借助语言资源设计出有针对性的教学内容、课程和教学方法，提高学生的语言能力和跨文化交际能力。因此，在教育领域，语言资源既包括传统的教材和教案，也包括教学实践和学习者反馈等各种形式的数据。

虽然在不同的领域和应用场景中对于语言资源的定义和要求存在差异，但这些差异并不影响学界对语言资源价值的认识。相反，正是由于这些差异和多样性，使得语言资源在多个领域中发挥着举足轻重的作用。不同领域和研究者之间的交流与合作，有助于促进语言资源的共享和发展，推动语言科学和信息科学的融合创新。在实际研究和应用中，人们需要根据具体的研究目标和应用场景，灵活理解和使用语言资源的定义。同时，人们应认识到，随着科技的进步和社会的发展，语言资源的定义和内涵可能会不断变化和扩展，这既是挑战，也是新的机遇。

二、语言资源的类型

语言资源可以根据以下方面分成不同的类型，具体内容如图 1-1 所示。

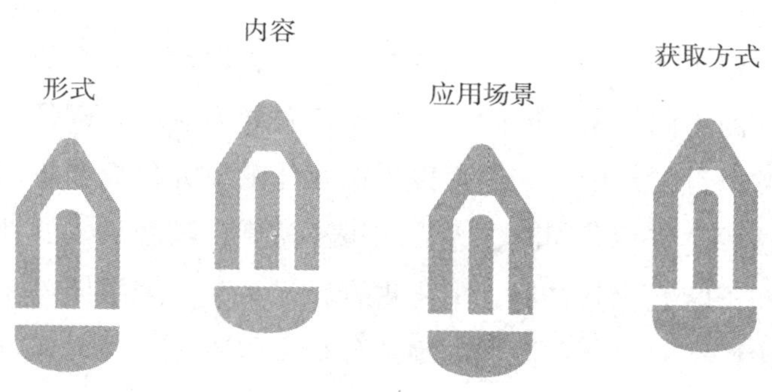

图 1-1　语言资源的分类依据

（一）根据形式划分的类型

语言资源从形式上可以划分为书面语言资源和口头语言资源两大类，这两种类型的资源都对语言研究和应用具有重要的价值。

书面语言资源主要包括各种书面文本，如书籍、报纸、期刊、学术论文、官方文件、广告文案、网页内容等。书面语言资源的特点是形式规范、结构清晰，语言表达通常更加精确和标准。在内容上，书面语言资源涵盖了社会的各个领域，可以从中获取丰富的语言信息和文化信息。例如，通过分析历史文本，人们可以了解一个社会在特定历史阶段的语言习惯、文化特色和社会风貌；通过研究现代的网络文本，人们可以了解当代社会的语言趋势、网络用语和社交媒体的语言风格等。因此，书面语言资源是语言研究、语言教学和自然语言处理等领域的重要素材。

口头语言资源包括各种口头表达形式，如日常对话、讲演、访谈、电影对白、电话交谈等。口头语言资源具有实时性和互动性，口头语言表达往往更加自然、生动。口头语言资源反映了语言在真实使用场景中的状态，包含了大量的口语习惯、语调变化、情感色彩和非语言信息等。这些信息对于口语教学、语言学研究、语音识别和人机交互等领域具有极高的价值。例如，通过研究日常对话，研究者可以了解人们在生活中的语言习惯、交际策略和情绪表达方式；通过分析电影对白，人们可以学习流行的口语表达、方言特色等。

书面语言资源和口头语言资源各有特色，它们在形式上的差异为人们提供了研究语言的不同视角。同时，这些形式差异为应用语言开辟了不同的路径。在实际的语言工作中，人们可以根据具体的研究目标和应用需求，灵活选择和利用这两类资源。同时，人们应该注意到，随着科技的发展，语言资源的形式也在不断变化和扩展，如出现音频、视频、多媒体等新型的语言资源。这些变化使得对语言资源的处理和分析变得更加复杂，但也为人们带来了更多的研究和应用机会。

（二）根据内容划分的类型

语言资源是语言学研究的基础。根据内容划分，语言资源大致可分为语音资源、词汇资源、语法资源和语境资源。这些资源都扮演着关键的角色，为人们理解和使用语言提供必要的素材和工具。通过这一分类，人们能更清晰地掌握语言资源的全貌，进而有效地利用它们来推动语言学的研究和应用。

语音资源包括音频、音位、音节、声调等，它们是语言的基本元素和声

音载体。语音资源提供了语音信号的原始数据和分析素材，是语音学研究和语音教学的基础。同时，语音资源在语音识别、语音合成、口语交际等领域得到广泛应用。

词汇资源主要包括各种词汇和短语，它们是语言表达的基本单位和主要手段。词汇资源不仅涵盖所有的单词和固定短语，还包括它们的词义、用法、同义词、反义词、派生词、复合词等信息。通过学习和研究词汇资源，人们可以增强语言表达的能力，提高语言的准确性和效果。在自然语言处理领域，词汇资源在词义消歧、信息检索、情感分析等任务中起到关键作用。

语法资源是研究任何语言的基础，它涉及语言结构的核心部分，包括词性、句式、句法、时态、语态等。语法资源主要包括语法规则和模式，它们设定了语言组合的规则和框架，构成了语言逻辑的核心。没有语法规则的指导，语言的表达将失去一致性。对于自然语言处理技术，如语法分析、机器翻译等，语法资源也起着至关重要的作用。

语境资源包含各种语境信息，如社会语境、文化语境、情景语境等。语境资源关注语言是如何在特定的环境和情境中使用的，包括语言的社会文化背景、语用功能、言语行为等。语境资源对理解语言的含义和用法具有决定性影响，也是完成自然语言理解和机器翻译等任务的关键。

在实际的语言工作中，理解和掌握这一分类，可以帮助人们更好地理解语言的本质，更有效地进行语言学研究和语言应用。人们需要灵活地使用这四类资源。

（三）根据应用场景划分的类型

根据应用场景的不同，语言资源划分为教学资源、研究资源、翻译资源和通信资源等几类，每一种类型都扮演着特定的角色，并服务于特定的目标群体。

教学资源是语言教学过程中不可或缺的一部分，它们是为教师和学生提供的重要工具，也是特定类型的语言资源，使用它有助于促进语言学习和教学的有效进行。教学资源包括教材、课件、习题等，每一种都为语言教学提供了必要的支持。教材作为主要的教学资源，不仅提供了学习的内容，也包含了大量语言实例，向学生展示了语言的实际运用。课件可通过多媒体将语言知识可视化，使用它可提高学生的学习兴趣和参与度。习题则结合了语法、词汇和实际语境，旨在检验学生的语言理解和运用能力，也是提升语言技能的重要工具。通过对教学资源的综合运用，教师能够构建良好的教学环境，还能有效地促进学生的语言能力发展。

研究资源包括语料库、字典、语法书等，这些都为语言学研究提供了丰富的数据和参考。语料库提供了语言数据，字典则为语言研究提供了详尽的词汇和词义信息，语法书则为语言研究提供了结构和规则的参考。研究资源对于语言学研究来说至关重要。

翻译资源在语言翻译中扮演着重要的角色。翻译资源包括双语词典、翻译记忆库、对照语料库等。双语词典为翻译者提供了词汇的基本解释，以及词汇在不同语境下的特定用法，这样能够帮助翻译者更精确地理解源语言，并找到目标语言中的合适表达。翻译记忆库作为一种特殊的数据库，存储了过去翻译的文本片段及其对应的译文，可为翻译者提供参考，这大大提高了翻译的效率和一致性。对照语料库包括成对的源语言和目标语言文本，这些文本为比较研究提供了丰富的依据，也为自动翻译系统的训练提供了关键数据。通过对这些资源的综合运用，翻译者不仅能够更准确、更快速地完成翻译任务，还能深入理解不同语言之间的相互联系和独有特点，为机器翻译、跨语言信息检索等领域的发展提供了重要支持。

通信资源在语言交流中起着关键的作用。通信资源包括各种社交媒体平台，如，微博、微信以及短视频平台等。这些都为人们提供了交流的平台，使人们能够在多种语言环境中交流，从而提高自己的语言能力。

不同的应用场景需要使用不同的语言资源，而理解这一分类有助于人们更有效地选择和使用它们。

（四）根据获取方式划分的类型

从获取方式的角度出发，可以将语言资源分为两类：公开资源和私有资源。两者的区别主要体现在获取途径、使用权限以及数据的隐私性等方面。

公开资源是指可以通过公开渠道获取的语言资源，主要包括各类公开发布的语言文本、语音、视频等。这些资源一般可以通过网络免费获取。对于普通群众和研究者来说，公开资源是其获取语言信息的重要途径。因为它们是公开的，使用这些资源往往不需要特别的权限，但是在使用的过程中也需要遵守相关的数据使用协议。公开资源的特点是丰富、易于获取、多样性强。因为它们的来源广泛，所以它们包含了丰富的语言信息和文化信息，能够支持各种语言研究和应用。

私有资源则主要包括各种非公开的语言文本、语音、视频等。这些资源通常由语言学研究者、语言教师、语言服务提供者等在特定的条件下收集和整理。私有资源的获取通常需要特定的权限，如研究许可、用户许可等。它们可能是特定的研究项目、教学活动、商业服务等所需的专门资源。私有资源的特点是质量高、专业性强、可控性好，但获取难度大，使用时也需要注意数据的安全性和隐私性。公开资源和私有资源各有其特点和用途，理解它们的区别和特性，能帮助人们更好地获取和使用语言资源。无论是公开资源还是私有资源，都是人们进行语言研究和应用的宝贵财富，人们要善于利用这些资源，也要尊重资源的来源，遵守相关的数据使用规则和道德原则。

三、语言资源的应用

语言资源的应用在各个方面都有所体现，特别是在学术研究、商业、公共服务和跨文化交流等方面。

（一）在学术研究中的应用

语言资源在学术研究中的重要性和应用是多元且深远的。语言资源不仅提供了实证数据支持，而且在理论发展和交叉学科研究中起着核心作用。

在语言学研究中，语言资源如语料库、字典、语法书等是研究者揭示和分析语言现象的重要工具。通过对大型语料库的分析，研究者可以揭示词汇、语法、语音、语义等的规律和特性。例如，词频分析可以揭示语言使用的偏好，句法分析可以帮助研究者理解语句结构的复杂性，而语料库中的语音数据可以帮助研究者分析音位和声调的变化等。这些实证研究为语言学理论的发展提供了坚实的基础。此外，语言资源还在社会学和心理学等研究中扮演着重要角色。在社会学研究中，研究者利用语言资源分析社会话语，如政治话语、媒体话语等，从而了解并解析社会现象，提供对社会问题的深入理解。在心理学研究中，语言资源则被用来分析人们的语言行为，通过对话题选择、言语表达方式、语用现象等方面的研究，可以了解人的思维方式。

值得注意的是，语言资源还在计算语言学等领域中发挥了重要作用。这些领域的研究者利用大规模语料库进行机器学习模型的训练和评估，从而开发出各种自然语言处理算法，如情感分析、语义分析、机器翻译、语音识别等。

（二）在商业中的应用

在如今的商业环境中，语言资源的价值与日俱增。无论是企业运营、市场研究，还是产品设计和创新，语言资源都发挥着至关重要的作用。在全球化的趋势下，跨语言、跨文化的交流和合作变得日益频繁。此时，语言资源如机器翻译系统、多语言语料库、双语词典等就成了企业必不可少的工具。利用这些工具，企业能够有效地进行跨语言的交流和合作，还能避免由于语言障碍引起的误解和冲突，提升工作效率。利用多语言语料库，企业可以深入理解不同地区、不同文化背景的消费者的需求和偏好，从而进行更精准的市场定位和产品设计。此外，通过对社交媒体内容、消费者评论等语言资源的分析，企业还可以及时获取市场反馈，以便快速调整商业策略和产品方向。企业可以利用自然语言处理技术和大规模语料库开发出智能客服机器人，以自动回答客户的咨询和问题。这不仅大大节省了人力成本，也提高了服务效率和客户满意度。通过分析大规模语料库中的话语和话题，企业可以挖掘出消费者的新需求和新趋势，从而推动产品创新和业务发展。

（三）在公共服务中的应用

在公共服务领域，语言资源不仅是一个工具，更是一个至关重要的桥梁，使政府、公共机构与公众之间沟通顺畅。通过优质且有效的语言资源，公共服务才能更好地发挥其社会功能，满足公众需求。法规、政策、公告、警报信息等，都需要用准确且易理解的语言进行表达。此时，语料库和字典等语言资源就派上了用场，它们为政府和公共机构提供了标准和规范的语言样本，有助于提高信息的传播效率和公众的理解程度。同时，在多元文化、多语种的社会环境中，政府和公共机构需要利用机器翻译系统、多语言语料库等语言资源，以确保公共信息能覆盖到各个社区，满足不同群体的语言需求。政府和公共机构还可以利用语料库和自然语言处理技术，开发出能够自动回答公众咨询的智能机器人。这样不仅提高了服务效率，还大大增强了公众的满意度。此外，通过对公众咨询内容的语言分析，政府和公共机构还能了解公众的需求，从而更好地调整服务内容和策略。教育部门可以利用教材、习题库、在线课程等语言资源，提供多元化的教学内容和方法。教师利用语言资源可以更好地设计教学方案，提升教学质量，同时让学生在学习过程中获得丰富多样的语言输入，提高语言能力。

（四）在跨文化交流中的应用

在跨文化交流中，语言资源的重要性不言而喻。语言不仅是交流的工具，更是文化的载体。通过学习和应用不同的语言资源，人们能够深入了解不同文化背景下的思维方式、价值观念和社会习俗，促进跨文化交流和互动。不同的语言体系和语言表达方式反映了不同的文化背景和思维方式。通过学习他人的语言并使用相应的语言资源，人们能够更好地理解对方的观点、意图和情感，并能够进行有效的沟通和交流。语言资源的应用使得跨文化交流变得更加顺畅、深入和有意义。

通过学习和应用他人的语言资源，人们能够更好地了解对方的文化传统、历史背景和社会习俗。这种跨文化的学习和理解有助于打破文化隔阂，促进不同文化之间的交流和融合。通过语言资源的应用，人们可以更好地体验和欣赏他人的文化，从而形成跨文化的共识和理解。每种语言都是一种独特的文化表达方式，具有独特的词语、语法和表达方式。通过学习和使用不同的语言资源，人们能够保护和传承各种语言所承载的文化。语言资源的应用可以促进多样性的发展，让更多的文化得到关注和尊重。随着全球化程度的不断加深和跨文化交流的增加，语言资源在跨文化交流中的重要性将进一步提升。人们应当重视语言资源的开发和应用，推动语言教育的发展，提供更多、更丰富的语言资源让学习者使用。同时，应加强跨文化教育，培养人们的跨文化意识和跨文化交际能力，推动不同文化之间和谐共处和相互尊重。

第二节　语言资源的特点

语言资源具有多样性、动态性、大规模性、开放性等特点，具体内容如图 1-2 所示。这些特点使得语言资源的建设和应用具有一定的难度和复杂性。

图 1-2　语言资源的特点

一、多样性

多样性是语言资源的重要特点之一。语言资源包括多种形式的资源，如文本、语音、图像等，可以适应不同的语言处理任务和研究领域的需要。这种多样性使得语言资源能够满足不同用户的需求，为语言处理和研究提供了更为全面和丰富的数据和信息。

在语言处理领域中，文本资源是较为常用的资源。文本资源主要包括语料库、词典和语法规则等。语料库是指存储在计算机上的大量文本数据，可以用于自然语言处理、机器翻译、信息检索等任务。词典是记录词语定义、词性、发音等信息的参考工具，可以用于词性标注、词语学习等任务。语法规则是人们说话时应遵守的规则，可用于语言分析、句法分析等任务。除了文本资源，语音资源也是语言处理和研究中非常重要的一类资源。语音资源主要包括音频录音、语音数据库等。它们通常用于语音识别、语音合成等任务。语音资源的特点在于它们可以提供声音信息和语言特征信息，帮助研究者了解语言的声学和语音学特征。图像资源是另一类重要的语言资源。图像资源主要包括图片、图表、地图等。这些资源可用于视觉文本信息处理、自然语言描述和文本生成任务。例如，在自然语言处理中，通过对图像和文本的综合处理，可以生成与图像相关的自然语言描述，这对于图像识别和分类具有重要意义。

除了这些主要的语言资源，还有一些其他类型的语言资源，如多模态资源。多模态资源指的是不同模态的数据，如将文本、语音、图像等结合起来形成的语言资源。这些多模态资源可用于视觉语言交互、多模态情感分析等任务。例如，在视觉语言交互中，通过分析图像和文本之间的关系，可以将图像内容转换为自然语言描述，从而实现图像搜索和分类。

语言资源的多样性使得它们能够适应不同的语言处理和研究领域的需要。各种不同类型的资源可以相互补充，提供更为全面和丰富的数据和信息，帮助研究者更好地了解自然语言的结构和属性。同时，这些资源为语言处理和研究提供了更为灵活和多样化的方法和工具，帮助用户更加高效地完成任务。例如，在自然语言处理任务中，语料库是较为常用的资源之一。语料库可以是以句子为单位的文本集合，也可以是以词为单位的单词列表。通过语料库，可以为自然语言处理任务提供丰富的文本数据，支持语言模型的训练和优化。而词典可用于提供单词的语义、词性、发音等信息，帮助研究者更好地理解和处理文本数据。语法规则可用于语言分析和句法分析，从而帮助研究者更好地理解语言结构和规则。在语音处理任务中，语音数据是较为常用的资源之一。语音数据可用于语音识别、语音合成等任务。通过对语音数据的处理和分析，可以帮助研究者了解语音学特征和声学特征。而多模态资源为语音处理任务提供了更为全面和丰富的数据和信息，如视觉信息可以提供语音场景和说话人的面部表情等额外信息，从而为语音处理和研究提供更多的参考和支持。

除了在语言处理和研究中的应用，语言资源的多样性也在其他领域发挥了重要作用。例如，在语言教育中，各种不同类型的语言资源可以帮助学生更好地理解和学习语言知识。通过多种形式的资源教学，学生可以更好地掌握语言技能和知识，从而提高语言学习的效率和质量。同时，语言资源的多样性为语言教育提供了更加丰富和多样化的教学方法和工具，从而满足不同学生的需求和兴趣。

二、大规模性

随着语言处理和研究领域的发展，语言资源的规模也在不断扩大。例如，现代语料库可以包含数百万甚至更多的词条，可以覆盖多种语言和文体。这种大规模性的语言资源为语言处理和研究提供了更为全面和丰富的数据和信息，也为语言技术的发展和进步提供了强大的动力和基础。

大规模的语言资源可以帮助人们更全面和准确地理解自然语言的结构和属性。例如，在语料库中，人们可以收集大量的语言样本，通过分析它们的词性、句法结构、语义关系等信息，从而揭示自然语言的内在规律和特点。这些分析结果可以被应用于诸如词性标注、命名实体识别、文本分类等语言处理任务中，从而提高语言技术的准确度和效率。大规模的语言资源也为机器学习和深度学习算法提供了更为充分和全面的训练数据。在现代语言技术中，机器学习和深度学习算法已经成了重要的工具和方法。这些算法可通过大量的训练数据，学习自然语言的规律，从而对文本进行自动处理和分析。

大规模的语言资源也为语言技术的实际应用提供了支持和帮助。例如，在机器翻译和语音识别领域，大规模的语言资源可以为翻译引擎和语音识别

系统提供更为丰富和全面的数据和信息，从而提高翻译和识别的准确度和质量。同时，大规模的语言资源可以为信息检索和文本挖掘等任务提供帮助，帮助用户更快速和准确地找到所需信息。

大规模的语言资源也面临着一些挑战和困难。大规模的语言资源需要人们消耗大量的时间和精力进行收集、整理和标注，需要采用有效的方法和工具来提高资源的质量和可用性。大规模的语言资源可能存在数据不平衡的问题，需要进行数据清洗和处理，以提高数据的可靠性和准确性。大规模的语言资源也需要进行存储和管理，需要采用有效的方法和技术来保证数据的安全和可用性。

三、多语言性

在现代社会，多语言交流和合作已经成为一种趋势，各种语言之间的交流和沟通越来越重要。因此，语言资源的多语言性也变得越来越重要。语言资源的多语言性是指它可以涵盖多种语言的数据和信息，包括文本、语音、图像等。这种特点使得语言资源能够应用于跨语言的语言处理和研究领域，如机器翻译、跨语言信息检索、多语言语音识别等。随着全球化的推进，语言资源在各种跨文化交流和合作中都有着广泛的应用。因此，多语言性语言资源不仅体现了现代社会的多语言特点，还为跨语言的语言处理和研究提供了关键支持。

例如，在机器翻译领域，多语言性语言资源可以为机器翻译算法提供翻译记忆库、词汇表等资料，以提高机器翻译的质量和效率。在跨语言信息检索领域，多语言性语言资源可以为搜索引擎提供跨语言信息，以提高检索效果和准确度。在多语言语音识别领域，多语言性语言资源可以为语音识别算法提供跨语言的语音数据、声学模型、语言模型等信息，以提高语音识别的准确度和鲁棒性。

除了应用于语言处理和研究领域，多语言性语言资源还可以应用于多个跨语言交流和合作的场景，如国际商务、跨国科研、国际旅游等。利用多语言性语言资源，人们可以跨越语言障碍，开展跨语言交流和合作，促进各种文化之间的交流和理解，推进全球化的进程。多语言性语言资源的开发和管理也面临着各种挑战：首先，对不同语言之间的差异需要考虑，以保证多语言性语言资源的有效性和准确性；其次，对语言资源的多样性和大规模性也需要充分考虑，以满足跨语言处理和研究的需求；最后，对语言资源的知识产权和使用权也需要考虑，以保护知识产权和促进资源共享。

多语言性语言资源的开发和管理具有重要的意义和价值，可以推进跨语言研究的发展，也可以促进跨文化交流和理解。其具体内容如下：首先，这些资源可以为跨语言处理和研究提供必要的支持，促进不同语言之间的信息交流和共享；其次，多语言性语言资源的建设可以促进跨文化交流和理解，有利于不同文化之间的相互了解和合作；最后，多语言性语言资源的开发也可以为全球化背景下的企业和组织提供多语言的信息支持，推进跨国合作和发展。

四、开放性

语言资源的开放性是指它们具有可访问、可共享和可重复使用的特点。大部分语言资源都是由学界和开放社区创建的，这使得它们具有高度的开放性，能够促进学术交流和合作。这种开放性对于语言处理和研究领域的发展至关重要，因为它们能够促进资源的共享和重复使用，提高资源的利用效率和质量。

开放性的语言资源在语言处理和研究领域发挥了重要作用。其具体内容如下：首先，它们为广大研究者和开发者提供了可访问的资源，降低了研究和开发的门槛；其次，开放性的语言资源可以促进资源的共享和重复使用，避免了重复建设和浪费资源的现象，提高了资源的利用效率；最后，开放性的语言资源也促进了跨领域、跨机构的合作，促进了知识和技术的共享和传播。

随着数字化时代的到来，越来越多的语言资源开始具有开放性。例如，一些大规模的语料库、词典和语言模型已经被共享，供广大研究者和开发者使用。同时，有越来越多的开源工具和软件平台被创建和共享，使得语言资

源的处理和分析变得更加方便和高效。开放性的语言资源不仅在学界和开放社区中发挥作用，也在商业和社会中具有重要作用。例如，在跨国公司的业务中，开放性的语言资源可以为不同语言和文化背景的员工提供信息和支持，促进了全球化业务的发展。在社会领域中，开放性的语言资源可以为语言学习和教育提供支持，有助于人们更好地学习语言，提升语言能力，还能促进语言多样性的发展。

开放性是数字化时代语言资源的一个重要特征。在语言资源的开发和管理中，应该注重开放性的特点，让资源得以共享和重复使用，促进资源的可持续发展和利用。此外，开放性也意味着语言资源可以为各种语言处理和研究工具的开发和改进提供支持。开放性的语言资源可以被多个研究团体和机构使用和共享，使得它们可以避免冗余的工作，并促进互相学习和交流。对于新兴的语言处理技术和研究领域来说，这些资源的共享和使用可以提供更多的机会和挑战，有助于推动领域的进一步发展。

开放性语言资源的管理和维护也需要有一套成熟的体系和方法。语言资源的创建需要依赖于标准的格式和元数据，这可以保证语言资源的互操作性和可持续性。此外，为了保证资源的质量和可信度，也需要对开放性语言资源进行适当的评估。

五、标准化

语言资源通常需要进行标准化处理，以确保数据的一致性、可比性和可重复性。在语言资源的开发和应用中，标准化是一个非常重要的问题。语言资源的标准化可以使得数据的格式、结构和编码方式具有一致性。这对于语言处理和研究来说至关重要。其具体内容如下：首先，标准化可以保证数据的一致性和可比性。在语言处理和研究中，同一个任务需要使用不同的语言资源，如果这些资源没有进行标准化处理，就会导致数据格式和结构不一致，从而影响到数据的可比性。标准化处理可以让不同的资源具有相同的格式和结构，从而保证数据的一致性和可比性。其次，标准化可以保证数据的可重复性。在语言处理和研究中，数据的可重复性非常重要。如果数据无法被准确地复制和重现，就会影响到语言处理和研究的可靠性。标准化处理可以使数据的编码方式和结构一致，从而确保了数据的可重复性。最后，标准化可以提高数据的互操作性。不同的语言资源可能采用不同的编码方式和数据格式，这会导致资源之间的互操作性受到限制。标准化处理可以消除这些差异，使得不同的语言资源之间可以互相交换和使用，从而提高了数据的互操作性。

在语言资源的标准化处理中，数据格式、编码方案和数据质量控制等方面都需要考虑。数据格式是指数据的组织形式，如XML、JSON、CSV等。不同的数据格式适用于不同的任务和数据类型。编码方案是指数据的编码方式，如UTF-8、UTF-16等。不同的编码方式适用于不同的语言和地区。数据质量控制是指确保数据质量符合预期标准的关键步骤，如数据清洗、去重、标注等。标准化处理需要参考已有的标准和规范，如TEI（文本编码倡议）、LAF（语言分析框架）等。这些标准和规范可以提供参考和指导，帮助语言资源开发者进行标准化处理。除了已有的标准和规范，一些语言资源共享平台也提供了标准化处理的工具和服务。例如，ELRA（欧洲语言资源协会）提供了标准化处理的工具和服务，帮助语言资源开发者进行数据格式和编码方案的标准化处理。

标准化的数据格式和编码方案可以让不同的语言技术应用程序进行数据交换和相互操作，从而促进技术的集成和创新。例如，语音识别系统可以使用标准的音频格式和编码方案来读取和处理语音数据，而机器翻译系统可以使用标准的数据格式来读取和处理双语信息。

此外，相关的标准和规范也在不断发展和完善。例如，在语言资源的元数据方面，ISO（国际标准化组织）已经发布了一系列标准和规范。这些标准和规范为语言资源的描述和管理提供了框架和指南，使得语言资源的可重复性和互操作性得到了提高。

六、动态性

语言资源的动态性意味着它们需要不断更新和维护，以适应不断变化的

语言使用和研究需求。语言资源的动态性不仅体现在添加新数据、修订数据和提高数据质量等方面，而且体现在更广阔的社会文化和学术技术等层面。

在现代社会中，语言形式在不断变化，新的语言形式在不断涌现，这就需要不断更新和维护语言资源，以适应这些变化。此外，随着语言处理和研究领域的不断发展，也需要不断更新和维护语言资源，以适应新的研究需求和技术发展。为了保证语言资源的动态性，需要采用多种手段。其中一种手段是定期收集和更新语言数据。对于文本语料库，需要不断收集新的语料，包括新的文本和新的数据源。对于语音语料库，需要定期录制新的语音数据。同时，需要对已有的语料库进行修订和扩充，以提高数据的质量和覆盖范围。

此外，还可以采用其他的技术手段。例如，文本语料库可以采用自动化爬虫技术，从互联网上定期收集新的语料。语音语料库可以使用自动化语音识别技术，将录音转换成文本格式。又如，采用机器学习技术对已有的语料进行分析和归类，以帮助研究人员更好地理解语言的结构和属性。除了采用技术手段，语言资源的动态性还需要依赖于一些管理机制。例如，需要建立一个完善的更新和维护机制，明确每个语言资源的维护责任和更新周期。又如，建立一个共享平台，让不同的研究机构和个人能够共享和利用语言资源，促进学术交流和合作。

七、可重用性

在数字化时代，语言资源的可重用性成为其重要的特征之一。可重用性指的是语言资源能够被多个研究项目和应用程序共享和利用，从而提高资源的利用效率和价值。这种可重用性不仅促进了资源的广泛应用，还节省了资源的开发成本和时间。

语言资源的可重用性提高了资源的利用效率。通过将语言资源进行合理的组织和分类，其他研究者和应用程序可以轻松地访问和利用这些资源，无须重新开发或收集相同的数据。这种资源的共享和利用，减少了重复劳动和资源的浪费，提高了研究和应用的效率。通过共享和重复利用，语言资源可以被更广泛地应用于不同的研究项目和应用场景。这不仅拓展了资源的应用范围，还增加了资源的影响力和价值。通过共享和利用，研究者和应用程序能够不断改进和更新语言资源，使其适应不同的需求和应用场景。同时，用户的反馈和建议促进了资源的优化和升级。

要实现语言资源的可重用性，就要意识到以下几点：首先，语言资源的标准化和规范化是实现可重用性的前提。不同的语言资源可能存在格式、编码上的差异，导致资源之间的互操作性受到限制。因此，制定统一的标准和规范，推动语言资源的互操作性是关键。其次，资源的元数据和描述信息的完善与共享是实现可重用性的关键。资源的元数据包括资源的属性、格式、内容等信息，描述了资源的特征和用途。通过共享和使用统一的元数据标准，可以提高资源的可发现性和可访问性，进一步促进资源的共享和重复利用。语言资源的版权和许可问题也需要得到合理解决。资源的版权和许可涉及资源的使用权和限制，对资源的可重用性产生影响。因此，建立合理的版权和许可机制，保护资源的知识产权，同时进行共享和利用，是实现语言资源可重用性的重要环节。

八、互操作性

语言资源具备互操作性，即能够在不同的平台、系统和环境中协同工作和共享数据。

在现代语言学和语言技术中，语言资源发挥着重要的作用，可以为开发和改进语言处理算法、提高语言技术应用效果以及推进人们对自然语言的理解提供必要的帮助。多样性、大规模性、多语言性、开放性、标准化、动态性和可重用性都是语言资源的重要特点，使得语言资源在语言处理和研究领域发挥了重要作用。

互操作性是语言资源的重要特点之一。互操作性指的是能够让不同的系统、程序或者组件进行交互操作的能力，也就是不同系统或平台之间的相互操作性。在语言资源中，互操作性可以理解为让不同的语言资源互相访问，从而提高资源的利用率。

要想提高语言资源的互操作性，需要考虑多个方面，包括数据格式、数据编码、数据存储、数据传输、数据接口等。其具体内容如下：首先，数据格式的标准化可以增加不同语言资源之间的互操作性。例如，通过使用 XML（可扩展标记语言）和 JSON（JavaScript 对象表示法）等数据格式，提高语言资源在不同系统和平台中的互操作性。其次，数据编码方案的标准化也可以增强不同语言资源之间的互操作性。例如，Unicode 编码方案可以支持多种语言的字符集和编码，使得不同语言资源之间的数据交换更加顺畅。再次，数据存储和传输的标准化也可以增强不同语言资源之间的互操作性。例如，采用互联网协议（IP）进行数据传输可以保证语言资源在不同网络环境下的互操作性。最后，数据接口的标准化也是增强语言资源互操作性的重要手段。例如，语言资源可以采用网络应用程序接口（Web API）来提供数据访问和交互功能，从而使得不同系统和应用程序能够共享和利用数据。

为了促进语言资源的互操作性，需要不断推动语言资源标准化和规范化，以确保不同资源之间可以有效地交换和共享数据。同时，开放的标准和规范可以促进语言资源的共享和合作，从而提高资源的可用性和价值。对于语言技术领域的从业者和研究者来说，了解和使用这些标准和规范也是至关重要的，因为其可以帮助他们更有效地利用和开发语言资源，推进语言处理和研究领域的发展。

第三节　语言资源的功能

要想深入探讨语言资源的功能，可以从三个方面入手，即语言保护、语言学习和语言信息处理。每个方面都在现代社会中扮演着至关重要的角色，不仅影响着人类文化的继承和发展，而且在技术进步中发挥着核心作用。

一、语言保护

语言保护是一种综合性的努力，旨在保护人类文化的多样性和丰富性。语言不仅是表达思想和情感的工具，更是承载文化、历史的重要媒介。在全球化浪潮中，众多本土语言面临着巨大的挑战，这不仅威胁到这些语言的生存，更重要的是，随着这些语言的消失，与之紧密相连的文化遗产和历史记忆也面临着被永久遗忘的危险。

语言保护的首要任务是语言搜集和整理。这项任务不仅包括对语言成分的记录，还涉及对相关的文化和历史背景的深入研究。例如，很多语言中包含着传统知识和习俗，这些是无法通过其他方式获得的宝贵信息，对此，语言学家和研究人员需要深入使用这些语言的地方，与当地人进行交流和学习，以确保这些宝贵信息得到妥善的记录和保存。

除此之外，语言保护还涉及改善语言的生态条件。在很多情况下，语言的衰落和消失是由于社会经济因素、教育政策的偏向，以及对主流文化的过度适应。要有效地保护一种语言，就需要在这些方面做出改变。例如，提供母语教育，促进本土文化传播，以及制定相关的政策来保护语言。

技术的发展也为语言保护提供了新的机会。现代技术，如录音和录像设备、互联网和人工智能，能够帮助人们更有效地记录和分析语言资料。同时，通过社交媒体和在线平台，可以将这些语言和文化传播给更广泛的受众，从而提高人们对语言保护重要性的认识。

语言保护不仅是语言学家和研究人员的任务，更需要社会各界的参与和支持。一方面，公众的意识提高对于推动政策的制定和实施至关重要。另一方面，社会成员的积极参与是保护和传承语言的关键。通过教育、文化活动和日常使用，可以提高语言的可持续性。

二、语言学习

在当今这个全球化和数字化时代，语言学习作为语言资源的一个重要功能，发挥着至关重要的作用。不仅是在传统的母语学习和外语学习领域，在新兴的技术领域中，语言资源的应用也日益显著。通过诸如科大讯飞开发的全球中文学习平台这样的案例，人们可以深入理解语言资源在促进语言学习方面的重要性，尤其是它们如何适应和推动现代教育的转型。

随着科技的迅猛发展，人工智能和互联网技术已经成为语言学习的重要辅助工具。它们不仅改变了学习语言的方式，还极大地扩展了语言学习的范

围。例如，科大讯飞开发的全球中文学习平台的上线，标志着人工智能在语言教育中的重要应用。这个平台通过智能化的学习方案，为不同年龄和地域的学习者提供了符合他们需求的中文学习资源。这种个性化的学习方法不仅激发了学习者的兴趣和动力，还极大地提高了学习者的学习效率。

除此之外，云服务教学平台为国际中文教育的发展提供了新的动力。这个平台集合了全球的教学资源，包括渠道、课程、技术、产品和服务，使得学习中文变得更加容易。这一平台的出现，为不同文化背景的学习者提供了窗口，让他们能够更加深入地理解和学习中文，同时促进了文化的交流和理解。

在这个过程中，人们也看到了语言学习方法的转变。在过去，语言学习通常依赖于课堂教学和纸质教材。而现在，随着技术的发展和网络的普及，语言学习已经可以突破时间和空间的限制。在线学习平台、移动应用和虚拟课堂的出现，为学习者提供了更加灵活和便捷的学习选择。这些平台通常提供丰富多样的学习材料，如视频课程、互动练习和模拟测试，大大丰富了语言学习的内容和形式。

语言学习的全球化趋势也比较显著。随着世界各地对外语学习需求的增加，越来越多的人开始学习非母语的语言。这不仅提高了人们的跨文化沟通能力，也为不同文化之间的理解和交流搭建了桥梁。例如，随着中文在国际上的影响力逐渐增强，全世界越来越多的人开始学习中文，以便更好地与中国进行交流和合作。

语言学习不仅限于获取一种沟通技能，还是了解和欣赏不同文化的重要途径。通过学习一种新的语言，学习者能够深入了解该语言背后的文化背景、历史传统和社会习俗。这种跨文化的理解和认知，对于构建更加和谐、包容的世界具有重要意义。

三、语言信息处理

语言信息处理作为现代信息技术的一个重要分支，正经历着前所未有的变革。这个领域的进步体现在对语言处理技术的革新上。从 20 世纪 50 年代早期的机器翻译尝试到现在，语言信息处理已经不仅仅局限于单纯的文字翻译，而是扩展到话语处理、信息检索、自动翻译、机器写作、人机对话等多个层面。这些进步的背后，是对大量语言资源的集聚和应用，以及计算机和人工智能技术的快速发展。

在语言信息处理领域内，语言资源的重要性不容小觑。语言资源包括文本、语音、视频等多种形式，为计算机提供了理解和处理语言所需的基础数据。这些数据经过精心的整理和分析，转化为能够被计算机理解的格式，从而使计算机能够进行复杂的语言处理任务，如语义分析、语境理解和情感分析等。随着互联网和社交媒体的兴起，大数据在语言信息处理中的应用日益显著，这为机器学习和人工智能的发展提供了丰富的土壤。

这些技术的发展和应用在很大程度上改变了人们获取信息和与机器交互的方式。在信息检索方面，搜索引擎的发展使得人们能够更快、更准确地从海量信息中找到所需的内容。自动翻译技术的进步，特别是神经机器翻译的应用，提高了跨语言交流的便利性，缩小了不同语言和文化之间的鸿沟。此外，机器写作和人机对话等技术开始在新闻生成、客服支持等领域发挥作用，不仅提高了人们的工作效率，还为人类与机器的交互提供了更加自然和流畅的体验。

语言信息处理的挑战也同样显而易见。例如，在处理自然语言时，理解语境和把握语言的细微差别仍然是一大难题。语言的多样性和复杂性意味着，即使最先进的技术也难以完全准确地理解和处理所有语言。随着技术的发展，如何保护个人隐私和数据安全，防止信息滥用，也成为一个亟待解决的问题。尽管面临挑战，语言信息处理的未来前景依然光明。随着计算能力的提升和算法的优化，会出现更加精准和智能的语言处理技术。这不仅会进一步提高人们的工作效率，还将为人们打开通向新世界的大门。在这个新世界中，人与机器的交流将变得更加自然和流畅，信息的获取和处理将变得更加高效和便捷。

第四节 语言资源的发展

随着数字化技术的发展，语言资源的种类和数量都在不断增加。同时，语言资源的应用领域在不断扩大，主要包括机器翻译、语音识别、信息检索、语言教育等领域。

语言资源的发展历程可以分为以下几个阶段：

一、第一阶段：手工制作时代

在手工制作阶段，语言资源主要是由人工手工制作的，如传统的词典、语法书、语料库等。这些资源的制作和管理需要大量人力、物力和时间，因此数量和类型都比较有限。而且，制作出来的语言资源往往质量不高。但由于这些资源是经过人工筛选和整理的，所以能够较好地满足人们日常的语言学习和研究需求，如对某种语言的基本知识的掌握。

在手工制作时代，语言资源是由专业人员通过对语言的研究和分析，手工编写和整理出来的。词典、语法书和语料库是其中比较重要的语言资源。词典是记录单词和短语的定义、发音、词性等信息的书籍。语法书是介绍语言的语法规则和结构的书籍。语料库是指经科学取样和加工的大规模电子文本库，用于研究语言现象的规律。这些资源对于语言学习、教学、研究等具有重要意义。手工制作的语言资源虽然具有一定的准确性和权威性，但也存在很多缺陷和不足之处。其具体内容如下：首先，由于制作词典、语法书等语言资源需要耗费巨大的精力和资源，所以制作出来的语言资源往往数量有限，难以满足不同领域和行业的需求；其次，由于手工制作的限制，语言资源的更新速度较慢，不能及时反映出语言的新变化和发展趋势；最后，手工制作的语言资源缺乏交互性，无法满足人们实时交流和互动的需求。

此外，手工制作时代也为后来的数字化时代奠定了基础。在手工制作时代，人们通过手工编写和整理语言资源，形成对语言的初步认知和了解，这为后来的语言资源的数字化制作提供了基础。随着数字化技术的发展和普及，语言资源的制作和管理方式也得到了革新和改进，使得语言资源的制作和管理更加高效、精确、全面和便捷。

二、第二阶段：数字化时代

随着计算机技术和数字化技术的发展，语言资源开始逐步数字化，出现了电子词典、电子语法书、电子语料库等资源。这些资源可以通过计算机进行存储、处理和共享，大大提高了资源的利用率和价值。电子词典和电子语法书以电子文本的形式存储，可以实现快速检索和更新，同时可以快捷传输。而与传统的语料库相比，电子语料库的存储方式更加方便，同时可以通过计算机进行分析和处理。

数字化的语言资源具有许多优点：首先，数字化的语言资源可以更好地满足不同领域和行业的需要。在数字化时代，语言资源的应用领域也在不断扩大，主要包括机器翻译、语音识别、信息检索、语言教育等领域。数字化的语言资源可以更好地适应这些应用领域的需求，同时可以更好地与其他领域的资源进行交流。其次，数字化的语言资源可以通过计算机进行存储、处理和共享，使得资源的获取和使用更加方便和快捷。数字化的语言资源也可以进行自动化的分析和处理，如自然语言处理等，从而完成各种与语言相关的任务，如文本分类、情感分析、命名实体识别、机器翻译等。数字化时代的开始，标志着语言资源的生产和管理方式发生了重大变革。数字化的语言资源不仅提高了资源的利用率和价值，也为语言资源的开发和应用提供了更加便捷和高效的方法和工具。随着数字化技术的不断发展，未来的语言资源将会越来越数字化，为人类语言学习和研究带来更多的可能性。

此外，数字化的语言资源还被广泛应用于各个领域。在文学创作领域，电子词典和语料库被广泛使用，作家可以轻松地搜索和使用各种语言资源来丰富自己的作品。在商务领域，数字化的语言资源被用于翻译、交流和协作。

随着互联网的普及和数字化技术的不断进步，语言资源的种类和数量也不断增加。人们可以轻松地通过网络获取各种语言资源，如在线词典、语法指南、语音识别和机器翻译等工具。同时，随着语音识别技术的发展，语音数据成为数字化语言资源的一个重要来源，可以被用于语音合成、情感分析和其他与语音相关的任务。

数字化技术也为语言资源的管理提供了便利。数字化的语言资源可以被存储在云端，实现了资源的全球共享。同时，数字化的语言资源可以被自动化地管理和维护，减少了人力成本，提高了资源的可持续性和可扩展性。数字化技术的发展也为语言资源的共享和传播提供了更加便捷和高效的方式。通过互联网，人们可以随时随地访问和使用各种语言资源，如在线词典、在线语法书、在线语料库等。这些资源不仅具有较高的质量和准确性，而且可以满足不同用户的需求，如学生、教师、研究人员、翻译人员等。

三、第三阶段：互联网时代

随着互联网技术的普及和发展，语言资源进入了全新的阶段——互联网时代。在这个时代，语言资源可以通过互联网实现全球范围内的共享和交流。各种语言资源网站、语言资源平台开始涌现出来，用户可以通过网络自由获取和使用语言资源，同时可以将自己的语言资源上传到网络上供他人参考。这种方式大大提高了语言资源的利用率和价值，也推动了语言资源建设和应用的发展。这种方式打破了传统语言资源的地域和时间限制，大大提高了语言资源的可用性和可访问性。同时，通过数据分析和处理技术，语言资源的管理和利用变得更加智能化和高效化。

机器翻译、语音识别、情感分析等自然语言处理技术，为语言资源的应用提供了新的可能性。同时，互联网时代催生了新的语言资源应用领域，如在线语言教育、语言游戏、智能客服等。由于网络的开放性和自由性，语言资源的版权问题也变得更加复杂和敏感。为了保证语言资源的质量和可信度，需要对语言资源加强管理和审查。同时，由于不同地区和国家的语言和文化差异，跨语言和跨文化的语言资源共享和交流需要面对一些挑战和难题。

此外，互联网时代也带来了语言资源共享的新工具，如在线翻译工具和语言学习应用。在线翻译工具可以帮助用户实现不同语言的互译，大大方便了跨语言交流和信息检索。语言学习应用则可以通过互联网和移动设备让用户进行语言学习和练习，以提高语言能力和应用水平。在互联网时代，语言资源的共享和交流不再受时间和空间的限制。用户可以通过互联网自由获取和分享语言资源，从而提高语言资源的利用效率。

随着移动设备的普及和发展，语言资源也开始向移动端延伸。移动应用程序的出现使得用户可以在手机或平板电脑上方便地获取和使用语言资源，无须再依赖电脑或其他设备。这种趋势也加速了语言资源的数字化和在线化进程，让语言资源的使用和共享更加便捷。无论是手工制作时代、数字化时代还是互联网时代，语言资源都在不断发展和演进，同时在不断服务于人们的语言学习、研究和应用需求。未来，随着人工智能、大数据等技术的发展，语言资源的形态和应用方式也将不断拓展和创新，为人类的语言交流和沟通提供更好的支持和保障。此外，在互联网时代，许多语言资源平台和机构开始采用开放许可协议，允许人们免费获取和使用其语言资源。这样的做法大大促进了语言资源的共享和交流，同时有利于提高语言资源的质量和更新速度。各种社交网络和社区平台也为语言资源的共享和交流提供了便利，用户可以通过这些平台快速地分享和传播语言资源，并与其他用户进行互动和讨论。

四、第四阶段：人工智能时代

随着人工智能技术的不断发展和普及，语言资源的应用范围和深度也在不断扩大。机器翻译、语音识别、自然语言处理等领域都需要大量的语言资源支持。

随着人工智能技术的不断进步和优化，语言资源的应用效果也在不断提高。例如，现在的机器翻译已经能够完成比较复杂的翻译任务，并且翻译的质量也得到了极大的提升。同时，语音识别技术变得越来越先进，可以适应各种语言的识别，为人们的生活和工作带来了很大的便利。

人工智能技术也为语言资源的建设和应用提供了新的方法和工具。自然

语言处理算法和机器学习技术是其中的两个重要工具。自然语言处理算法可以将自然语言转换成计算机可以理解和处理的语言形式，从而实现对语言的自动化处理和分析。而机器学习技术可以通过大量的语言数据来形成模型，实现对语言的智能化处理和应用。在人工智能时代，语言资源的应用范围不仅仅局限于机器翻译、语音识别、自然语言处理等领域，还延伸到了更多的领域。例如，智能客服系统可以通过自然语言处理技术来实现人机对话，提供更加便捷和高效的客户服务。而在教育领域，人工智能技术也可以用来辅助语言学习，提高语言学习效率和质量。

虽然人工智能时代的语言资源使用很便捷，但在语言处理方面仍存在一些问题。例如，在机器翻译领域，虽然机器翻译的质量得到了极大的提升，但是与人工翻译相比，仍然存在一些问题。这些问题主要体现在语言的语境、文化背景和语言习惯等方面。又如，在语音识别领域，对口音和方言的识别仍然存在困难。因此，人们需要不断探索和改进语言资源的建设和应用，以满足日益增长的语言处理需求。

在这个过程中，人们需要充分利用人工智能技术的优势，为语言资源的建设和应用提供更加高效、准确、智能的方案。同时，人们需要注重人才培养和资源共享，培养更多的技术人才，并且建立更加完善的资源共享机制，促进各个领域和机构之间的协作和交流。具体而言，人们需要更多地关注语言的语境、文化背景和语言习惯等方面，以提高语言处理的准确性和质量。同时，人们需要积极探索新的技术和方法，以更好地应对语言处理方面的挑战和问题。在人工智能时代，语言资源的建设和应用已经成为一项具有战略性意义的工作。语言资源的优化和应用将直接影响到人们的日常生活和工作，也将对国家战略和发展产生深远的影响。因此，人们需要积极投入语言资源的建设和应用中，不断探索和创新，为自己的生活和工作带来更加便捷和高效的语言服务。

第二章　数字化时代语言资源的信息存储与检索技术

本章介绍了数字化时代语言资源的信息存储与检索技术，主要包括数据的存储与备份、数据压缩技术、基于内容的信息检索技术和跨语言信息检索等内容。通过这些技术，可以实现语言资源的高效存储、快速检索和跨语言交流，从而为语言资源的有效管理和利用提供了技术支持。

第一节　数据的存储与备份

在数字化时代，语言资源的信息存储和备份成为一项重要任务。本节主要介绍数据储存、备份时的考虑因素以及人们在进行数据存储和备份时应做到的方面。数据的存储和备份需要考虑多种因素，如数据的数量、数据的类型、数据的安全性等，以保证语言资源的完整性和可持续性。

一、数据的数量和类型

在当今的数字化时代，数据成为个人、企业乃至政府的宝贵资产。随着数据量的激增和数据类型的多样化，有效的数据存储和备份策略变得至关重要。这些策略需要考虑数据的规模和多样性，以确保数据的安全性、可访问性和完整性。

对于大规模的数据存储，选择一个高效且稳定的存储方式是基本要求。云存储因其出色的扩展性、灵活性和高可靠性，成为许多组织和个人的首选。云存储具有自动数据备份和灾难恢复能力，这些功能确保即使在出现硬件故障、自然灾害或网络攻击等情况下，数据也能被安全地存储和恢复。用户可以通过互联网访问这些数据，这大大提高了其信息获取效率。云存储的另一个优点是它根据使用量收费，为用户提供了成本效益高的解决方案，尤其适合那些数据需求不断变化的场景。

硬盘阵列如 RAID 系统，提供了另一种高效的数据存储和备份方法。它不仅通过将多个硬盘组合在一起提供了较大的存储空间，还通过数据冗余提高了数据的可靠性。在某些 RAID 配置中，即使一个或多个硬盘发生故障，数据仍然可以完好无损。这种存储方式特别适用于对数据访问速度有高要求的场景，如大型数据库管理和高性能计算任务。

随着数据类型的多样化，不同类型的数据也需要不同的存储和备份策略。对于文本数据，可以通过压缩技术减少其所需的存储空间。对于包含敏感信息的数据，可以使用加密技术存储。而音频和视频数据通常占用较大的存储空间，这要求使用更高效和稳定的存储设备，如硬盘阵列，它能够提供足够的存储空间并确保数据的高效访问。

在选择数据存储和备份方案时，还需要考虑数据恢复的时间和复杂性。有效的数据恢复方案应当能够快速恢复关键数据，以最小化数据丢失对公司运营产生影响。此外，数据安全也是一个不可忽视的方面。使用加密技术、访问控制和定期安全审计是常用的方法。

二、数据的备份频率

数据的备份频率取决于数据的重要性和变化频率。数据备份是保证数据安全和完整性的重要措施之一。备份频率是数据备份过程中需要考虑的一个重要因素。

对于关键数据，如金融数据、医疗数据、重要的商业数据等，需要定期备份，以确保备份数据的最新性和完整性。这类数据通常具有很高的价值，一旦丢失或损坏，可能会带来不可挽回的后果。对于频繁变化的数据，如交易数据、日志数据等，也需要定期备份。这类数据通常需要及时记录和保存，以便进行后续分析和处理。如果备份频率不够高，可能会丢失重要的数据信息，进而影响数据分析和决策。对于非关键数据，备份频率可以适当降低，如普通的文档数据、娱乐数据等。这些数据虽然也需要备份，但备份频率可以降低到每周或每月一次，以节省备份成本和存储空间。在备份数据时，需要根据数据的重要性和变化频率选择适当的备份策略。需要注意的是，备份频率不是越高越好，也不是越低越好，而是需要根据实际情况进行综合考虑和权衡。除了备份频率，还需要注意备份数据的存储位置、数据的访问控制、数据的压缩和加密等问题，以确保备份数据的安全性和完整性。

随着技术的不断发展，备份数据的方式和方法也在不断更新和改进。例如，可以采用云备份、增量备份等技术，提高备份效率和质量。同时，需要注意备份数据的长期保存和可持续性，采用多重备份和在不同存储设备中存储的备份策略，以避免数据丢失或损坏的风险。

三、数据的存储位置

备份数据的存储位置是确保数据安全性和可靠性的关键因素。选择合适的存储位置可以在出现硬件故障或其他意外事件时，最大限度地降低数据丢失带来的风险。在制定数据备份策略时，要考虑存储位置的多样性和安全性。

备份数据的多地点存储是防止数据丢失的有效策略。也就是说，不仅要在本地存储备份数据，还要在云端或其他地理位置存储备份数据。本地备份，即在物理上接近原始数据的地方进行备份，通常是通过外部硬盘、网络附属存储（NAS）或者服务器实现的。如果使用本地备份，可以在数据丢失时快速恢复数据。但本地备份也有缺点，其缺点在于，它可能会受到与原始数据相同的风险，如火灾、洪水或者盗窃。

云备份或异地备份则是将数据存储在物理位置与原始数据大不相同的地方。这种方式的安全性较高，因为它将备份数据与原始数据隔离，从而降低了由于地区性灾难或其他因素导致的数据丢失风险。云备份服务通常由第三方提供商提供，如 Amazon Web Services、Google Cloud 或 Microsoft Azure。其不仅提供了大量的存储空间，而且提供了数据加密和其他安全措施，因而被广泛使用。

在选择备份数据的存储设备时，安全性和可靠性是两个关键考量因素。硬盘驱动器（HDD）和固态驱动器（SSD）是常见的备份存储设备。HDD 以其较大的存储容量和较低的成本而广受欢迎，而 SSD 以其更快的数据传输速度和更高的稳定性著称。选择哪种类型的存储设备取决于备份数据的大小。

存储设备的容量和速度也是重要的考量因素。随着数据量的不断增加，选择能够容纳所有备份数据并且在需要时能够快速访问的存储设备变得尤为重要。对于需要频繁访问或更新的数据，应选择访问速度快的存储设备。对于长期存储的备份数据，容量可能是更重要的考虑因素。

定期测试和验证备份数据的完整性也是非常重要的。这意味着要定期进行数据恢复演练，以确保在真正需要时，备份数据可以被成功恢复。通过这种方式，可以及时发现并解决备份过程中可能出现的问题，确保在发生数据丢失事件时，备份数据能够有效发挥其作用。

四、数据的访问控制

在数字化时代，数据的访问控制成为保护数据安全和个人隐私的关键环节。随着技术的发展和数据量的激增，从个人敏感信息到企业机密，各种数据都需要得到保护。有效的访问控制不仅涉及数据的安全，还直接关系到企业的信誉、合规性以及用户的信任。

身份认证是数据访问控制的第一道防线。传统的用户名和密码逐渐不能满足高安全性的需求，因此，更多的系统开始采用多因素认证（MFA）来增强安全性。这包括指纹识别、面部识别、语音识别以及眼底扫描等生物识别技术，这些技术难以被仿冒，能够有效地保护用户的账户不被非法访问。此外，基于硬件的安全令牌或手机应用生成的一次性密码也是常见的多因素认证手段。

一旦身份认证通过，接下来就是控制用户对数据的访问。这通常通过设置不同级别的权限来实现。例如，医疗信息系统可能允许医生访问病人的全部医疗记录，而护士只能访问病人的基本信息和护理记录。在企业中，员工的访问权限通常根据其职位和工作需求来设定，确保他们只能访问对其工作有影响的信息。

对于敏感数据的访问，需要进行严格的监控和日志记录。访问日志记录了谁在什么时间访问了哪些数据，这对于追踪非法访问行为、进行数据泄露调查以及满足合规性要求非常重要。为了防止非授权用户篡改或删除这些日志，可以采用数据加密和安全备份的方法来保护它们。

除了技术手段，人为因素也是数据访问控制中不可忽视的一部分。定期的安全培训和意识提升可以促使员工认识到数据保护的重要性，并学会防范网络钓鱼和其他社会工程学攻击。同时，可以制定明确的数据访问策略，确保所有员工都了解自己的责任和权限范围。

紧急情况下的访问控制也是一个重要的考量点。在发生网络攻击或其他突发事件时，快速有效地控制或切断数据访问权限可以最大限度地减少数据损失。因此，建立一个快速反应机制是必要的。

五、数据加密

数据加密是数字化时代保护信息安全的关键技术之一。随着网络攻击和数据泄露事件的增加，对数据加密的需求变得日益迫切。使用加密技术的主要目的是提高数据的机密性和完整性，防止未经授权的用户访问和篡改。在语言资源存储和备份中，数据加密扮演着至关重要的角色。

对称加密是一种使用相同密钥进行加密和解密的技术。这种加密技术的优势在于其加解密过程快速、高效，适合于大量数据的加解密。常见的对称加密算法包括 AES（高级加密标准）、DES（数据加密标准）和 3DES（三重数据加密算法）。然而，对称加密也有缺点，其缺点是存在密钥管理问题。因为加密和解密使用相同的密钥，所以密钥的安全存储和传输变得至关重要。非对称加密，也被称为公钥加密，即使用一对密钥（一个公钥和一个私钥）进行加密和解密。公钥用于加密数据，私钥用于解密数据。这种加密方式的优势在于提供了更高的安全性，因为即使公钥被公开，没有相应的私钥也无法解密数据。常用的非对称加密算法包括 ECC（椭圆曲线密码学）和 Diffie-Hellman（密钥交换）。但非对称加密也有缺点，其缺点在于其计算过程比对称加密要慢，因此通常用于小量数据的加密。

在数据传输过程中，加密技术是保护数据安全的关键。当数据从一个位置传输到另一个位置时，如从用户端传输到服务器，使用加密技术可以确保数据在传输过程中不被窃取或篡改。

在存储敏感数据时，无论存储在本地还是存储在云端，数据加密都是必不可少的。这样可以确保即使数据被非法访问，没有正确的密钥也无法读取数据内容。这在保护个人隐私数据、企业和政府机密文件等方面尤为重要。在用户身份认证方面，数据加密同样发挥着重要作用。例如，网络银行和社交媒体平台等都需要保护用户的用户名和密码不被盗取。通过加密用户凭据，即使数据被拦截，攻击者也无法解析出用户的真实信息。

加密技术也用于数字签名和数字证书，这在确保数据来源和完整性方面发挥着关键作用。数字签名能够验证数据或消息是否由指定的发送者发送，并保证自发送之后数据未被更改。随着量子计算的发展，传统的加密算法可能会面临被破解的风险。因此，加密技术也在不断进化，以应对未来的安全威胁。例如，量子安全加密正在成为一个研究热点，以应对未来量子计算机的挑战。

六、数据的元数据管理

数据的元数据管理在数字化时代语言资源存储和备份中扮演着重要的角色。建立完善的元数据管理机制可以方便数据的查找、管理和利用。元数据管理涉及数据的分类、标注、描述等，有助于用户更好地了解数据的属性和特点，从而提高数据的管理效率和利用价值。下面将详细介绍元数据管理的定义、重要性和实现方式。

元数据是描述数据的数据，它包含数据属性、特征和关系等信息。元数据管理指的是对数据进行分类、标注、描述、索引等的过程。通过元数据管理，可以提供关于数据的详细描述，包括数据的来源、结构、格式、内容等方面的信息，使用户能够更好地了解数据的属性和特点。元数据管理在数字化时代语言资源存储和备份中具有重要性。其具体内容如下：首先，元数据管理通过对数据的分类和标注，帮助用户对大规模的数据进行有效的组织和管理。在此过程中，可以将数据按照不同的属性和特征进行归类，使得用户能够更快速地找到所需的数据。同时，通过对数据进行标注，可以为数据赋予关键词、标签等描述性信息，进一步提高数据的可搜索性和可发现性。通过元数据管理，可以使数据之间建立关系，如数据的引用关系、数据的相关性等。这样，用户在查找一项数据时，可以顺藤摸瓜地找到与之相关的其他数据，从而提供更全面的信息。其次，元数据管理还为数据的利用和共享提供了便利。通过元数据管理，可以了解数据的使用方式和限制条件，帮助用户在合规的前提下更好地利用和共享数据。元数据管理可以提供数据的使用规则、数据的访问权限等信息，使得数据的利用更加安全可控。元数据管理的实现方式多种多样，主要包括手工录入、自动抽取和自动标注等方法。手工录入是指通过人工手动输入元数据信息，适用于少量数据或需要人工判断的情况。自动抽取和自动标注则依赖计算机技术，通过算法和模型对数据进行分析和处理，自动提取和标注数据的属性和特征。例如，自然语言处理技术可以应用于文本数据的自动分类和索引，从而提高元数据管理的效率和准确性。

七、数据的清洗和去重

数据的清洗和去重是确保数据质量和完整性的重要步骤。在存储和备份数据之前，进行数据清洗和去重操作能够消除重复数据、纠正错误数据以及删除无效数据等，以提高数据的质量和可管理性。

数据清洗是对数据进行清理、整合和转换的过程。其目的在于提高数据的质量和完整性，使数据更易于组织、管理和利用。通过数据清洗，可以去除数据中的噪声和冗余信息，提高数据的准确性和可靠性。数据清洗在数字化时代语言资源存储和备份中具有重要性。数据清洗能够简化数据的组织和管理。通过清洗操作，可以使数据更加简洁和易于组织。去除重复数据可以避免冗余的存储和处理，纠正错误数据能够提高数据的一致性和准确性，删除无效数据可以减少数据集的复杂度，使数据更具可读性和可操作性。数据清洗还能提高数据的利用价值。清洗后的数据更准确、完整，能够更好地支持语言资源的建设和应用。清洗操作有助于提取出有价值的信息，并为进一步的数据分析、模型构建和决策提供坚实的基础。

数据清洗方式有多种，主要有自动清洗、半自动清洗和手工清洗等。自动清洗是利用计算机技术对数据进行分析和处理，自动消除数据中的噪声和冗余信息。例如，可以运用自然语言处理技术对文本数据进行自动清洗和纠错。半自动清洗是先通过数据挖掘技术等进行初步清洗和整合，然后由人工对数据进行进一步处理。手工清洗则是人工对数据进行逐一检查和处理，适用于数据量较小或对数据质量要求较高的情况。

八、数据的安全性

在数字化时代，数据泄露、病毒攻击等安全问题亟待人们解决。对此，人们需要采用多重安全措施来确保数据的安全性。例如，人们需要定期备份数据，以应对数据意外丢失的情况。

在数据的存储和备份过程中，需要考虑数据的安全性。例如，人们可以采用防火墙、反病毒等技术来防范数据的非法访问和攻击。防火墙可以通过监控网络流量，过滤掉恶意访问和攻击。反病毒技术可以检测和清除计算机中的病毒，以防止病毒攻击对数据造成损害。

制定相应的措施也是保障数据安全的重要手段。例如，建立完善的数据安全管理制度，制定数据安全使用规范等，可以有效提高数据的安全性。同时，员工教育和培训是提高数据安全性的重要环节，通过培训，可以提高员工对数据安全的认识，增强员工的安全意识，从而减少人为因素对数据安全的影响。

九、数据的可持续性

数据的可持续性也是数据存储和备份的重要考虑因素。数据的可持续性指的是数据长期保存和可重复使用的能力。为了保证数据的可持续性，人们需要采用多种技术和方法。例如，数据归档、元数据管理、数据清洗等技术可以帮助人们清晰、系统地组织和管理数据。此外，人们还需要建立数据共享和交换的机制，以促进数据的重复使用。

在数据的存储和备份中，人工智能技术发挥了越来越重要的作用。例如，机器学习技术可以帮助人们识别、分类、管理数据，自然语言处理技术可以帮助人们更好地处理文本数据，从而提高数据的存储、备份效率和质量。此外，人工智能技术还可以帮助人们更好地分析和利用数据，提高数据的价值。

第二节　数据压缩技术

数据压缩技术是在数字化时代对语言资源信息进行高效存储和检索的关键技术之一。本节将对其含义、原理和应用进行详细探讨：首先，笔者将概述数

据压缩技术的定义和目的，阐述其在语言资源信息存储与检索中的重要作用；其次，笔者将深入研究无损压缩技术，包括其原理和特点，以及常用的无损压缩算法，并分析其在不同应用场景下的优势和适用性；再次，笔者将探讨有损压缩技术，了解其原理和特点，探索常用的有损压缩算法，并分析其在不同应用场景下的优势和适用性；最后，笔者将阐述数据压缩技术的选择和应用。通过这一节的介绍，读者将对数据压缩技术有一个全面而深入的了解。

一、数据压缩技术概述

数据压缩技术是一种在数字化时代语言资源信息存储与检索中广泛应用的技术。它通过对数据进行压缩，减小数据的存储空间，降低存储成本，并提高数据传输的效率。

（一）数据压缩的定义和目的

数据压缩是通过数据编码算法将数据转换成较小的形式，以减小数据的存储空间。它通过消除冗余信息、压缩重复信息和优化数据编码，来达到减少数据量的效果。数据压缩的过程可以分为两个主要步骤：压缩和解压缩。压缩是指将原始数据转换为较小形式的过程，而解压缩是将压缩后的数据还原为原始数据的过程。

数据压缩的目的是多方面的：第一，数据压缩旨在节约存储空间。随着数字化时代数据量的急剧增长，存储空间成为一项紧缺的资源。通过数据压缩技术，可以将数据变小，从而节省存储空间，减少对存储设备的需求，减少存储成本。第二，数据压缩旨在提高存储和传输效率。对于大规模的数据，传统的存储和传输方式可能会受到容量和带宽的限制。通过数据压缩技术，可以将数据变小，从而加快数据的存储和传输速度，提高存储和传输效率。这对于语言资源的共享、备份和传播具有重要意义。第三，数据压缩还可以降低相关成本。存储和传输数据的成本主要用在存储介质、设备和网络带宽等方面。通过数据压缩技术，可以减小数据量，减少对存储介质和设备的需求，降低相关成本。

（二）数据压缩在语言资源信息存储与检索中的作用

数据压缩在语言资源信息存储与检索中发挥着重要的作用，具有降低存储成本、提高数据传输效率以及提高数据查询和检索效率的优势。其主要内容如下：

第一，数据压缩能够降低存储成本。随着数据量不断增加，传统的存储设备很快就会面临存储容量不足的问题。通过数据压缩技术，可以将数据变小，从而节省存储空间，减少存储设备的需求，降低存储成本。这对于大规模的数据来说尤为重要，可以帮助机构和组织有效管理和存储海量的数据。第二，数据压缩有助于提高数据传输的效率。在语言资源的共享和传播过程中，数据的传输是一个关键环节。大量的数据需要在网络上传输，如果没有压缩，会出现信息延迟现象。通过数据压缩技术，可以减小数据量，加快传输速度，提高数据的传输效率。第三，数据压缩还可以提高数据的查询和检索效率。在语言资源信息存储与检索中对数据进行压缩，可以减少存储空间占用，提高数据的存储效率。同时，压缩后的数据能更快查询到，加快了数据的检索速度，提高了检索效率。通过数据压缩技术，能够提高数据检索系统的响应速度和吞吐量，从而提供更高效的数据查询和检索服务。

二、数据压缩技术的类型

（一）无损压缩技术

1. 无损压缩的原理和特点

无损压缩是一种压缩数据的技术。无损压缩的原理基于数据的冗余性。数据中通常包含许多冗余的信息，如连续出现的相同字符、字符串或模式。无损压缩技术利用这些冗余信息来实现数据压缩。它通过建立更有效的编码方式，将冗余信息转换为更紧凑的表示形式，从而减小数据的存储空间。

无损压缩技术具有以下几个主要特点：第一，无损压缩技术能够完全还原原始数据，不会丢失任何信息。这意味着其在对数据进行压缩的同时，保

持了数据的完整性和准确性。对于那些对数据精确性要求较高的语言资源，如文本文件、程序代码等，无损压缩技术非常有用。它能够确保数据完全还原，不会导致数据中的信息丢失。第二，相对于有损压缩技术而言，无损压缩的压缩率通常较低。有损压缩技术通过舍弃部分数据信息来达到更高的压缩率，但这会导致数据的精确性不高。而无损压缩要求保留所有数据信息，因此其压缩率相对较低。然而，这也意味着无损压缩能够保持数据的完整性，适用于对数据完整性要求较高的场景。在对数据完整性要求较高的语言资源信息存储与检索中，无损压缩技术是非常适用的。例如，在存储和传输需要保持数据精确性的数据时，无损压缩技术能够确保数据在压缩和解压缩过程中不丢失任何信息。这对于保持数据的完整性、准确性和一致性至关重要。

2. 常见的无损压缩算法

常见的无损压缩算法包括字典编码算法、霍夫曼编码算法和高阶模型编码算法。这些算法基于不同的原理和技术，能够有效地压缩数据，并在语言资源信息存储与检索中发挥着重要作用。其具体内容如下：

首先是字典编码算法，它是一种常见的无损压缩算法。字典编码算法把唯一值编入字典，每一个唯一值都匹配一个序号，而序号用于索引字典，通过存储序号来压缩数据。字典编码算法常用于文本压缩和图像压缩中，能够有效地减小数据的体积，提高存储和传输效率。其次是霍夫曼编码算法，它是一种基于统计概率的无损压缩算法。霍夫曼编码算法根据数据中不同字符出现的频率，为每个字符分配不同长度的编码。出现频率高的字符使用较短的编码，而出现频率低的字符使用较长的编码。这样，霍夫曼编码算法就能实现对数据的高效压缩。霍夫曼编码算法广泛应用于数据压缩领域，特别适用于文本和图像等数据类型的压缩，能够有效地减小数据的体积，提高存储和传输效率。最后是高阶模型编码算法，它是一种基于数据中模式的无损压缩算法。高阶模型编码算法通过建立数据中模式的概率模型，将模式转换为对应的编码。与传统的编码算法相比，高阶模型编码算法考虑了数据中更长的模式，从而达到更高的压缩效率。它适用于对数据中特定模式的频率进行建模和压缩的场景，能够有效地减小数据的存储空间，并提高数据的传输效率。

（二）有损压缩技术

有损压缩技术通过舍弃数据中的部分信息，实现数据的压缩。其虽然会导致数据质量损失，但具有较高的压缩率，适用于语言、图像和视频数据的压缩。

1. 有损压缩的原理和特点

有损压缩是一种数据压缩技术，其原理是通过对数据进行编码和转换，以舍弃一部分不重要或不显著的信息，从而达到压缩数据的目的。与无损压缩相比，有损压缩会造成数据质量损失，但在很多情况下，这种损失是可以接受的，因为它能够在降低数据质量的同时保持数据的可用性和可理解性。

有损压缩的特点主要体现在以下几个方面：首先是数据质量损失。有损压缩会舍弃一部分数据信息，压缩后的数据无法完全还原为原始数据，存在一定程度的失真。然而，这种失真通常是在人类感知范围内的，不会对数据的整体理解产生明显影响。例如，在图像压缩中，经过有损压缩的图像可能出现轻微的模糊或色彩失真，但对于大多数观察者来说，这种差异是可以接受的。其次是较高的压缩率。相对于无损压缩技术，有损压缩技术通常具有更高的压缩率。有损压缩能够舍弃一些冗余和不重要的信息，可以在保持相对较高的数据质量的同时达到更高的压缩率。这意味着在存储和传输图像、语言数据时，有损压缩可以减小数据的体积，从而节省存储空间和提高传输效率。在压缩多媒体数据时，有损压缩成为一种非常有效的选择。

2. 常见的有损压缩算法

常见的有损压缩算法包括基于变换的压缩算法、预测编码算法和量化编码算法。基于变换的压缩算法将数据从时域转换为频域，从而更好地利用数据的统计特性进行压缩。这种算法在 JPEG 图像压缩中得到广泛应用。

预测编码算法则基于对数据的预测来进行压缩。它利用数据中的统计规律来预测当前数据与之前数据之间的关系，然后将预测的误差进行编码和传输，而不是直接传输原始数据。根据不同的预测模型，预测编码算法可分为线性预测编码、差分预测编码等多种形式。这类算法在音频和视频压缩中得到广泛应用，如 MP3 音频压缩和 H.264 视频压缩。

量化编码算法通过将数据的幅度进行量化，即将数据映射到一组有限的离散值上来实现压缩。这种压缩算法通过减少数据的精度来实现数据压缩，从而减小数据的存储空间。常见的量化编码算法有均匀量化和非均匀量化算法。在图像和视频压缩中，如 JPEG 图像压缩和 MPEG 视频压缩，这种算法得到广泛应用。

这些常见的有损压缩算法在实际应用中发挥着重要作用。它们能够在一定程度上平衡数据压缩率和失真程度，使得数据在存储和传输过程中具有较高的效率和适用性。根据不同的数据类型和应用需求，选择合适的有损压缩算法，可以在保持较高压缩率的同时，尽量减小对数据质量的影响。

三、数据压缩技术的选择与应用

数据压缩技术在语言资源信息存储与检索中扮演着重要的角色。在选择和应用数据压缩技术时，需要考虑数据类型、压缩率和解压缩速度等因素。以下将深入探讨数据压缩技术的选择和应用。

（一）根据数据类型选择合适的数据压缩技术

不同类型的数据在其特点上存在差异，因此选择适合的数据压缩技术对于实现高效的数据压缩至关重要。其具体内容如下。

在处理文本数据时，无损压缩技术是常见的选择。文本数据通常由字符序列组成，其关键是保留数据的精确性。

而对于图像、音频和视频等多媒体数据，通常使用有损压缩技术来压缩。这是因为多媒体数据在传输和存储过程中对精确性的要求相对较低，可以容忍一定程度的信息损失。

根据数据类型选择适合的数据压缩技术是实现高效数据压缩的关键。根据数据的精确性和压缩率要求，合理选择无损压缩技术或有损压缩技术，能够最大限度地满足数据处理和存储的要求。

（二）根据压缩率和解压缩速度选择合适的数据压缩技术

在选择数据压缩技术时，需要考虑压缩率和解压缩速度。不同的数据压缩技术具有不同的压缩率和解压缩速度，因此需要根据具体需求进行合理选择。

压缩率是衡量数据压缩效果的指标，它表示压缩后的数据相对于原始数据的大小。高压缩率意味着压缩后的数据占用的存储空间较小，可以节省存储资源。有损压缩技术通常具有较高的压缩率。然而，高压缩率也意味着数据的失真程度较高，因为它丢失了一些原始数据信息。对于对数据质量要求较高的场景，需要权衡压缩率和数据失真程度，以此选择数据压缩技术。

解压缩速度是指将压缩后的数据还原为原始数据所需的时间。解压缩速度直接影响数据的读取和使用效率。通常情况下，压缩率较低的技术具有更快的解压缩速度，因为它们不需要利用复杂的算法和计算来恢复原始数据。这对于需要频繁访问数据的场景非常重要，如实时流媒体应用或大规模数据的快速检索。

在实际应用中，需要根据具体需求和应用场景来权衡压缩率和解压缩速度。对于存储资源受限的环境，如移动设备，较高的压缩率可能是首选。而对于需要快速读取和解压缩的场景，如实时数据传输或高频数据访问，更快的解压缩速度可能更为重要。

（三）数据压缩技术在语言资源信息存储与检索中的应用

数据压缩技术在语言资源信息存储与检索中的应用是广泛的。在文本数据的存储和检索方面，使用无损压缩技术可以减小数据的存储空间，提高存储效率，同时保持数据的完整性，便于文本数据的组织和管理。这对于语料库、文档集合和网络文本等大规模的文本数据非常有用。对于图像、音频和视频等多媒体数据，使用有损压缩技术能够达到更高的压缩率，从而降低存储和传输成本。基于变换的压缩算法和预测编码算法被广泛应用于图像和音视频压缩。这些技术能够在保持数据质量的同时，减小多媒体数据的体积，方便其存储、传输和播放。

数据压缩技术也在数据库压缩中发挥着重要作用。对于大规模的语言资源数据库，采用数据压缩技术可以降低存储空间的需求，减少存储成本，并提高数据的读写效率。通过压缩数据库中的文本数据、语音数据和图像数据，可以使数据库更加高效地存储相关信息。数据压缩技术还在语音识别和自然语言处理等领域中得到应用。在语音识别中，对语音信号进行压缩可以降低存储和传输成本，便于语音数据的处理和分析。在自然语言处理中，数据压缩技术可以使文本数据更加紧凑，方便进行语言模型的训练和应用。

第三节　基于内容的信息检索技术

基于内容的信息检索技术主要包括文本检索、语音检索和图像检索技术。其中，文本检索技术是最为常见的一种技术，它通过对文本数据进行分析和处理，快速地检索出包含关键词的文本数据。文本检索主要通过关键词匹配的方式实现，即将用户输入的关键词与语言资源数据库中的文本内容进行比对，然后呈现出与关键词匹配的文本数据。为了提高文本检索的准确性和效率，还可以采用索引和排序等技术。

一、基于内容的信息检索技术的概述

基于内容的信息检索技术是一种重要的信息检索技术，旨在帮助用户从大规模的文档集合中快速准确地找到相关信息。基于内容的信息检索技术在互联网搜索、文档管理等领域得到广泛应用，为用户提供了高效的信息检索服务。

（一）信息检索的定义和目标

信息检索是指根据用户的查询需求，从大规模的信息集合中快速准确地找到相关的信息。其目标是通过有效的算法和技术，帮助用户从海量的信息中找到与其查询意图相匹配的文档或资源。

信息检索的定义包括以下几个关键要素：用户、查询、文档集合和相关性。用户是信息检索的核心，通过查询来表达其信息需求。查询是用户描述

信息需求的方式，通常包括关键词、短语或问题等形式。文档集合是信息检索的对象，如互联网上的网页、文本数据库中的文档等。相关性是衡量查询内容与文档之间匹配程度的指标。

（二）基于内容的信息检索技术的基本原理

基于内容的信息检索技术通过用户的查询需求，来检索相关的文档。其基本原理总结如下：第一，文档和查询需要转换为计算机可处理的表示形式。通常采用向量空间模型将文档和查询表示为向量，其中每个维度对应一个特征或词项。为了区分不同词项的重要性，通常会使用词频和权重计算方法。词频表示某个词项在文档或查询中的出现频率，权重则通过一定的计算公式来衡量词项的重要性，如 TF-IDF 等。第二，基于内容的信息检索依赖于相似度计算，用其度量文档和查询之间的相似程度。第三，根据相似度计算的结果，将检索到的文档按照相关性排序。通常使用排序算法如倒排索引和 PageRank 等来获取排序的结果，以便用户能够获取相似度最高的文档。

基于内容的信息检索技术通过对文档和查询的表示、相似度计算和结果排序等步骤，检索出用户所需的信息。

二、常见的基于内容的信息检索模型

常见的基于内容的信息检索模型包括向量空间模型、概率检索模型和主题模型（图 2-1）。这些模型在信息检索中发挥着重要作用，提供了准确的检索结果。

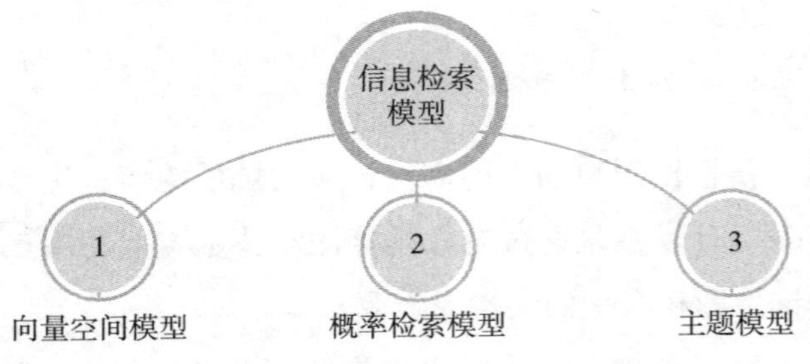

图 2-1　常见的基于内容的信息检索模型

（一）向量空间模型

向量空间模型是基于内容的信息检索中常用的模型之一。它将文档和查询表示为向量形式，利用它们之间的相似度来进行检索。其具体内容如下。

1. 文档表示和查询表示

在基于内容的信息检索中，文档表示和查询表示是将文本数据转换为向量形式的关键步骤。这样可以使文档和查询在数学空间中进行比较，从而完成检索任务。其中，最常用的方法是使用词袋模型来进行文档和查询的表示。词袋模型将文档和查询视为词项的集合，而向量的每个维度表示对应词项的权重。

文档表示过程可以分为以下几个步骤：首先，构建词典，即从语料库中提取出所有出现过的词项，并为每个词项分配一个标识符。其次，计算每个词项在文档中的词频。词频可以简单地表示为绝对词频，也可以进行归一化处理，如使用相对词频或对数词频等。再次，为了衡量词项的重要性，可以使用词频－逆文档频率来计算词项的权重。最后，将每个文档转换为一个向量，并使向量的每个维度对应一个词项的权重。这样，每个文档都被表示为一个在高维空间中的向量。

查询的表示方法与文档类似。其具体内容如下：首先，将查询转换为词项的集合，并计算每个词项的权重；其次，根据文档的表示方式，构建查询的向量表示。查询向量的每个维度对应一个词项的权重。将查询表示为向量后，可以使用相似度计算方法（余弦相似度）来比较查询向量与文档向量的相似程度，从而进行文档的排序和检索。

词袋模型的优点在于简单直观、易于理解和操作。它适用于不同类型的文本数据中，如文档、文章、新闻等。然而，词袋模型也存在一些限制：首先，它忽略了词项之间的顺序和语义关系，无法捕捉到词语的上下文信息。例如，“good”和“not good”在词袋模型中被视为完全不同的词项，实际上它们具有相反的含义。其次，词袋模型假设词项是独立的，无法表达词项之间的相关性。尽管词袋模型存在这些限制，但其仍然是被广泛应用的文本表示方法，为基于内容的信息检索提供了重要的基础。

2. 词频和权重计算

在基于内容的信息检索中，词频和权重计算是文档表示和查询表示过程中的重要环节。通过计算词项在文档或查询中的出现频率，为每个词项赋予相应的权重，从而反映其在文本中的重要性。

常用的权重计算方法是词频－逆文档频率。TF-IDF 方法综合考虑了词频和逆文档频率两个因素，用于评估词项的重要性。词频（term frequency, TF）表示一个词项在文档或查询中出现的次数。简单的词频计算可以直接使用词项在文档或查询中出现的次数作为权重。例如，如果一个词项在文档中出现了 5 次，则它的词频权重为 5。仅使用词频作为权重可能存在问题，因为一些常见的词项可能在大多数文档中频繁出现，但对文档的区分度较低。为了解决这个问题，引入了逆文档频率（inverse document frequency, IDF）的概念。逆文档频率表示一个词项在整个语料库中的重要性。计算逆文档频率时，通常使用文档频率（document frequency, DF），即包含某个词项的文档数量。逆文档频率可以通过对 DF 进行数学转换和平滑操作得到。采用逆文档频率是为了排除在大多数文档中出现的常见词项，以提高稀有词项的权重。

TF-IDF 通过将词频和逆文档频率相乘，得到每个词项的权重。这样，对于在单个文档中频繁出现但在整个语料库中较为罕见的词项，其权重会相对较高。相反，对于在大多数文档中频繁出现的常见词项，其权重会相对较低。词频和权重计算在信息检索中起着关键作用。通过使用 TF-IDF 等方法，可以准确反映词项在文档或查询中的重要性，还有助于区分关键词和常见词，从而提高检索的准确性和效率。此外，还可以根据具体应用需求对权重进行调整，如通过加权处理来强调某些特定的词项。

3. 相似度计算

相似度计算是基于内容的信息检索中的关键步骤之一，通过计算文档向量和查询向量的相似度，来确定文档与查询的相似程度。常见的相似度计算方法包括余弦相似度和欧氏距离等。

余弦相似度是衡量两个向量之间夹角的余弦值，它表示两个向量在方向上的相似程度。计算余弦相似度时，首先需要对文档向量和查询向量进行归一化处理，将它们的长度变为 1，然后计算它们的内积。余弦相似度的取值范围在 -1 到 1，数值越接近 1 表示两个向量越相似，数值越接近 -1 表示两个向量越不相似。欧氏距离是计算两个向量之间的距离，表示它们在空间上的差异程度。计算欧氏距离时，将文档向量和查询向量视为空间中的点，通过计算它们之间的直线距离来衡量相似度。欧氏距离的取值范围为非负实数，数值越小表示两个向量越相似。

除了余弦相似度和欧氏距离，还有其他的相似度计算方法，如曼哈顿距离、Jaccard 相似度等。

相似度计算在信息检索中起着至关重要的作用。通过计算文档向量和查询向量之间的相似度，可以评估文档与查询的匹配程度，进而确定检索结果的排序和相关性。相似度计算方法的选择直接影响着检索的准确性和效率。因此，需要根据具体的应用需求和数据特点选择合适的相似度计算方法，以获得更精确和有效的检索结果。

4. 检索结果排序

排序算法在基于内容的信息检索中起着关键作用，它们能够根据相似度计算结果对检索结果进行排序，以提供更准确的检索结果。下面介绍常见的检索结果排序方法：

第一，基于相似度的排序方法。计算文档向量和查询向量之间的相似度，将相似度较高的文档排在前面，将相似度较低的文档排在后面。这种方法简单直观，便于操作。

第二，基于重要性的排序方法。除了考虑文档与查询的相似度，还可考虑文档的重要性。文档的重要性可以通过多种方式来确定，如文档的权重、文档的流行度等。根据文档的重要性对检索结果进行排序，可以更好地反映文档的相关性。

第三，综合排序方法。综合排序方法是对多个因素进行综合考虑的排序方法。除了相似度和重要性，还可以考虑其他因素，如文档的时效性、文档的可信度等。通过对多个因素进行综合评估，可以得到更准确的排序结果。

第四，基于反馈的排序方法。基于反馈的排序方法是根据用户的反馈信息对检索结果进行动态调整。例如，根据用户的点击量、喜好等信息，对排序结果进行优化。这种方法能够根据用户的需求和偏好，动态调整排序结果，从而提供更符合用户意图的检索结果。

（二）概率检索模型

概率检索模型是信息检索领域中的一种重要模型，它运用概率论的原理来提高搜索查询的相关性和精确度。在这种模型中，不仅要看文档中是否包含特定的关键词，而且要计算文档满足查询需求的概率。这一模式的优势在于其能够提供更为精确和灵活的检索结果。相比传统的布尔模型和向量空间模型，概率检索模型在处理复杂和模糊查询时展现出更高的效率和准确性。

概率检索模型的基本思想是，每个文档与特定查询的相关性可以用概率来表示。也可以说，用户在进行搜索时，实际上是在寻找与其查询最相关的文档。因此，概率检索模型试图计算出每个文档与查询的相关概率，并根据这个概率对搜索结果进行排序。在概率检索模型中，最关键的部分是计算文档与查询的相关概率。这通常涉及对文档中各个词项（term）出现的频率进行统计分析。例如，在一个简单的概率检索模型中，可以计算每个词项在相关文档中出现的频率与在非相关文档中出现的频率，然后利用这些信息来估计文档与查询的相关性。BM25 算法是概率检索模型中的重要算法。这个算法基于 Okapi BM25 模型，它是一个排名函数，用于估计文档与查询的相关性。BM25 考虑了词项频率和逆文档频率的因素，以及文档长度对评分的影响。在 BM25 中，较长的文档不会因为简单地包含更多的词而呈现劣势。此外，BM25 还引入了调整参数，这些参数可以根据实际情况进行调整，以达到最佳的检索效果。

概率检索模型的一个重要特点是，其对查询词的权重赋予了灵活性。与布尔模型的绝对匹配不同，概率检索模型允许对查询词进行加权，这意味着人们可以根据查询词在查询中的重要性而赋予其不同的权重。这种加权方式使得概率检索模型在处理复杂查询时表现更为出色，能够更准确地捕捉用户的信息需求。在实际应用中，概率检索模型被广泛应用于各种搜索引擎和信

息检索系统。通过对大量的文档和查询数据进行分析，这些系统能够不断优化其检索算法，以提供更准确、更相关的搜索结果。此外，随着机器学习和人工智能技术的发展，概率检索模型也在不断地改进和创新，以更好地适应日益增长的数据量和不断变化的用户需求。

（三）主题模型

主题模型是一种基于内容的信息检索模型，用于发现文档集合中的主题结构。

1. 主题模型的概念和目标

主题模型是一种统计模型，旨在通过分析文本中的概念主题，从而揭示文本的隐藏结构和语义。其核心思想是将文本看作由多个主题构成的集合，每个主题又是由一组相关词项组成的。主题模型的目标是通过概率推断，从给定的文本集合中了解主题的分布以及每篇文档的主题倾向。

2. 常见的主题模型算法

Latent Dirichlet Allocation（LDA）是一种常见的主题模型算法，被广泛应用于文本分析和主题建模领域。LDA 算法基于概率模型，将文档和主题之间的关系建模为隐含变量的生成过程。其基本原理是假设每个文档都由一组主题构成，而每个主题又由一组词项构成。

具体而言，LDA 算法通过推断文档的主题分布和主题的词项分布来揭示文档集合中的主题结构。该算法的目标是通过观察大量文档中的词项共现模式，推断出文档的主题分布和主题的词项分布。

LDA 算法的基本过程包括模型参数的初始化、E 步骤和 M 步骤的迭代优化。在初始化阶段，为文档和主题分配初始的随机值。接着，在 E 步骤中，通过 Gibbs 采样等方法进行推断，计算文档的主题分布和主题的词项分布。在 M 步骤中，通过迭代优化算法，更新模型参数，使得模型的似然函数最大化。迭代优化过程通常会进行多次，直到模型收敛或达到预定的迭代次数。

LDA 算法的优势在于它能够从大规模文本数据中挖掘出潜在的主题结

构，并通过主题分布和词项分布进行语义分析和文本建模。它不需要预先指定主题数量，而是自动从数据中学习主题。

3. 主题模型在信息检索中的应用

主题模型在信息检索中有着广泛的应用。它能够促使传统基于关键词匹配的检索方法解决其所面临的问题，提供更精确和语义化的信息检索结果。下面将介绍主题模型在信息检索中的几个应用：首先，主题模型可以应用于文档的聚类。通过分析文档中的主题分布，可以将具有相似主题的文档聚集在一起，形成主题相关的文档群组。这样，用户可以更轻松地浏览和检索与特定主题相关的文档集合，提高检索的效率和准确性。其次，主题模型可以用于主题关键词提取。通过分析主题的词项分布，可以发现每个主题的关键词。通过使用这些关键词，能够更好地描述文档的内容和主题，还有助于用户理解文档的主题和核心信息。在信息检索中，用户可以根据主题关键词进行检索，以获得更相关和精准的搜索结果。最后，主题模型还可以应用于文档推荐。通过分析用户的兴趣和偏好，可以构建用户的主题偏好模型。然后，将用户的主题偏好与文档的主题分布进行匹配，从而推荐与用户兴趣相关的文档。这种基于主题的文档推荐方法能够提供个性化和准确的推荐结果，还能提高用户的满意度。

三、基于内容的信息检索技术的改进与应用

基于内容的信息检索技术的改进与应用主要包括近似匹配和相似度搜索、语义表示和语义检索、多媒体内容的检索以及实际应用案例。这些改进和应用使得信息检索更准确、全面和语义化，拓展了基于内容的信息检索技术在不同领域的应用范围，为用户提供了更智能化和个性化的检索体验。

（一）近似匹配和相似度搜索

近似匹配和相似度搜索这一技术在基于内容的信息检索中发挥着重要作用。传统的精确匹配方法难以应对文本中存在的拼写错误、同义词、近义词等问题，而这些问题会导致检索结果不完整或不准确。近似匹配和相似度搜

索这一技术则能够通过考虑语义相似性来提供更全面和准确的检索结果。

一种改进方法是基于编辑距离的算法，如 Levenshtein 距离或 Damerau-Levenshtein 距离。这些算法可以度量两个字符串的相似程度，在查询时能容忍一定程度的拼写错误或字符串的变动，找到与查询意图相关的文档。这种方式对于处理用户的输入错误或非标准查询非常有用，提高了信息检索的鲁棒性。

另一种改进方法是基于向量空间模型和语义表示的相似度计算。向量空间模型将文档和查询表示为向量，并通过计算它们之间的相似度来确定相关性。传统的相似度计算方法如余弦相似度可以度量向量之间的夹角，但难以捕捉到语义上的相似性。而语义表示技术如词嵌入（word embedding）技术可以将词语表示为连续向量，进一步提高相似度计算的准确性。这种方法可以对文档之间的语义相似性进行精细化的度量，提供更符合用户意图的检索结果。

通过改进，基于内容的信息检索技术可以更好地满足用户的信息需求，提供更全面和准确的检索结果。这些技术在 Web 搜索、文本检索等多个领域得到广泛应用，并持续推动着信息检索技术的发展和创新。

（二）语义表示和语义检索

语义表示和语义检索是基于内容的信息检索的重要改进方向。传统的基于关键词的检索方法存在语义鸿沟的问题，即无法准确表达文档的含义。为了解决这一问题，引入了语义表示和语义检索技术，旨在通过捕捉文本的语义信息来提高检索的准确性和效果。

一种改进方法是引入词嵌入模型，如 Word2Vec 和 GloVe 等。这些模型将词语表示为低维的连续向量，使得具有相似语义的词在向量空间中更加接近。通过使用词嵌入模型，可以捕捉到更丰富的语义信息。在语义检索中，可以通过计算文档向量与查询向量之间的相似度，来衡量它们之间的语义相关性。另一种改进方法是利用深度学习模型进行语义表示和语义检索。通过深度学习模型如卷积神经网络（CNN）和循环神经网络（RNN）等，可以学习文本的复杂语义表示。这些模型能够捕捉句子和文档中的语义结构和关系，这样可提高检索的准确性。通过在大规模语料库上进行预训练，深度学习模型可以学习到通用的语义表示，适用于不同领域的信息检索任务，可以使人们快速检索到所需信息。

语义表示和语义检索的应用广泛。例如，在 Web 搜索中，通过捕捉文档的语义信息，可以提供更准确和相关的搜索结果；在问答系统中，利用语义表示可以更好地理解用户的问题，并提供准确的答案；在推荐系统中，通过学习用户对物品的语义表示，可以实现个性化推荐。

（三）多媒体内容的检索

随着多媒体数据的爆发式增长，基于内容的信息检索不再局限于文本数据，还涉及图像、音频和视频等多媒体内容的检索。在图像检索中，可以通过提取图像的特征向量，计算相似度来实现图像的检索和相似图像的推荐。在音频和视频检索中，可以使用声音特征和视频特征，如 MFCC 和 CNN 特征，来进行内容匹配和检索。这些技术的应用扩展了基于内容的信息检索的领域，并为多媒体内容的管理和搜索提供了有效的方案。

（四）实际应用案例

基于内容的信息检索技术在不同领域都得以应用。以下是一些实际应用案例。

在电子商务领域，基于内容的推荐系统就是一个很好的例子。这些系统通过分析用户的浏览行为、购买记录以及对商品的文本描述等信息，实现个性化的商品推荐。例如，当用户浏览一些商品时，系统可以根据用户的历史数据和商品的内容信息，推荐相似的商品或符合用户兴趣的商品，提升用户的购物体验。

在社交媒体分析中，基于内容的信息检索技术被广泛应用。社交媒体平台上的海量用户生成了大量的文本数据，如微博等。通过分析用户的文本内容和关系网络，可以完成话题检索、舆情分析、情感分析等任务。通过使用这些技术，可以了解用户的兴趣和情感倾向，从而为企业、政府和个人提供

有用的信息。

在医疗领域，基于内容的信息检索技术可以应用于疾病诊断和治疗方案推荐等方面。医疗领域积累了大量的医学文献和临床数据，因而可以利用信息检索技术帮助医生快速获取相关文献，辅助他们进行疾病诊断和制定治疗方案。此外，还可以利用自然语言处理和机器学习技术对医学文献进行挖掘，提取关键信息，使医生了解最新的医学知识。

在法律领域，可以利用信息检索技术对大量的法律文档进行搜索和分析，提供法律咨询和法律案例检索等服务。

在学术领域，研究人员可以利用信息检索技术查找和获取相关的学术论文，从而进行文献综述和研究。

在新闻媒体分析方面，基于内容的信息检索技术可以帮助媒体机构分析大量的新闻文本，提取关键信息，进行趋势分析，从而更好地了解用户需求，进行新闻报道。

第四节 跨语言信息检索

跨语言信息检索是指在一种语言下检索和使用其他语言的信息资源，是数字化时代语言资源建设中的重要内容。本节主要介绍跨语言信息检索的定义与主要任务、主要环节、应考虑的因素以及面临的挑战和未来发展等内容。

一、跨语言信息检索的定义与主要任务

跨语言信息检索（cross language information retrieval, CLIR）是一种特殊类型的信息检索，允许用户以一种语言（源语言）进行查询，然后在其他一种或多种语言（目标语言）的文档集合中检索相关信息。这一研究领域的发展，使得信息检索突破了单一语言的边界，大大扩展了信息获取的范围。

基于这个定义，人们可以进一步明确跨语言信息检索的主要任务：将用户在源语言中表达的信息需求转化为目标语言，然后在目标语言的文档集合中寻找与此信息需求相关的文档。而为了完成这个任务，人们需要依赖多种

先进的技术，如自然语言处理（NLP）和机器翻译（MT）等技术。

自然语言处理技术是一种将自然语言转换为计算机可处理的形式的技术，使得计算机能够理解、生成和处理人类语言。在跨语言信息检索中，自然语言处理技术被用来理解和分析用户的查询，提取出查询的关键信息，然后将这些关键信息转换成目标语言。这个过程涉及许多复杂的任务，包括词义消歧、关键词提取、语义关系建立等。机器翻译技术是将一种语言（源语言）自动翻译成另一种语言（目标语言）的技术。在跨语言信息检索中，机器翻译技术被用来将源语言的查询转换成目标语言的查询。这个过程需要考虑词汇、语法、语义等多种因素，以保证翻译的准确性和流畅性。

在实现了查询的跨语言转换后，人们可以利用信息检索技术，在目标语言的文档集合中进行搜索，找出与用户信息需求相关的文档。这个过程通常涉及文档索引、相似度计算、排序等多个步骤。总的来说，跨语言信息检索涉及自然语言处理和机器翻译两大核心技术。这两大技术的发展和进步，使得跨语言信息检索得以实现，也为其未来的发展提供了广阔的空间。

二、跨语言信息检索的主要环节

跨语言信息检索是信息检索领域的一个重要分支。这个过程中涉及的环节主要包括查询翻译、文档翻译和结果融合。

查询翻译是跨语言信息检索的环节之一，其目标是将源语言的查询语句准确地转换为目标语言的查询语句。传统的基于词典的查询翻译依赖双语词典来进行词对词的翻译。尽管这种方法简单直观，但由于语言多义性和一词多义性问题，可能导致翻译不准确。因此，人们开始尝试利用更为先进的机器翻译方法，如统计机器翻译和神经网络机器翻译。统计机器翻译的基本思想是通过对大量的平行语料进行统计分析，构建统计翻译模型，进而使用此模型进行翻译。神经网络机器翻译将源语言的句子向量化，再生成另一种语言的译文。

文档翻译也是跨语言信息检索的主要环节，其目标是将目标语言的文档转换成源语言，然后在源语言的空间中进行信息检索。其可以避免翻译不确

定的问题，但是对于大规模的文档集合，文档翻译的工作量会非常大。文档翻译同样依赖于机器翻译技术，如基于规则的翻译、基于统计的翻译和基于神经网络的翻译等。

结果融合是跨语言信息检索的另一个重要环节。在此环节中，通常会使用多种查询翻译方法或文档翻译方法，以获得多个检索结果。结果融合环节的任务就是将这些结果进行合理的组合，以提高检索的准确性和完整性。常用的结果融合方法包括基于排名的融合、基于评分的融合、基于机器学习的融合等。

三、跨语言信息检索中应考虑的因素

除了技术本身，跨语言信息检索还需要考虑到其应用场景。常见的应用场景包括在一个语言环境下查询另一种语言的文献、检索外文专利、搜索跨语言新闻报道等。在这些应用场景中，进行跨语言信息检索的目的是帮助用户快速地获得所需信息，从而提高信息利用效率。

跨语言信息检索还需要考虑语言资源的建设和管理。语言资源是支撑跨语言信息检索的重要基础。语言资源的质量和数量对跨语言信息检索的准确性和效率有着重要的影响。

在语言资源的建设方面，可以利用机器学习和人工智能等技术来实现自动化和智能化的语言资源建设。例如，可以利用机器学习技术自动从网络中收集文本数据，并利用人工智能技术对文本进行自动标注和分类。这些自动化的技术能够大大提高语言资源的建设效率和质量。

在语言资源的管理方面，需要建立统一的语言资源库，包括词汇库、语法库、翻译库等。这些语言资源需要进行标准化的管理和维护，以确保其可重复使用性和可维护性。此外，还需要对语言资源进行更新和扩充，以适应不断变化的语言环境和用户需求。

跨语言信息检索还涉及跨文化交流和理解的问题。由于不同语言和文化之间存在差异，跨语言信息检索可能会面临语义误差和理解困难的问题。要想解决这些问题，需要进行跨文化交流和理解的研究和实践。例如，可以开展跨文化用户调研活动，深入了解不同文化背景下的用户需求和行为。

跨语言信息检索还需要关注数据隐私和安全等问题。在跨语言信息检索过程中，可能会涉及数据隐私和安全问题，需要采取有效的数据保护措施。例如，可以采用数据加密、身份验证等技术来保护用户的数据隐私和安全。

跨语言信息检索的发展也需要政策和法律的支持。政策和法律对跨语言信息检索的发展有重要影响。因此，需要建立相应的政策和法律框架，促进跨语言信息检索的发展。

四、跨语言信息检索面临的挑战与未来发展

跨语言信息检索在促进全球信息流动的同时，面临着一系列挑战。

语言差异是一个主要挑战。全球有数千种语言，每种语言都有其独特的词汇、语法和表达方式。这使得查询翻译和文档翻译的任务变得极其复杂。有些语言由于缺乏足够的双语语料库和高质量的机器翻译系统，因而跨语言信息检索的效果通常较差。翻译不准确是另一个主要挑战。尽管近年来机器翻译技术已经取得了显著的进步，但在实际应用中仍然存在许多问题，如词义歧义、翻译偏差、语言模糊等，这些问题都会影响到跨语言信息检索的效果。文化差异也是一个重要的挑战。语言不仅是交流的工具，也是文化的载体。不同的文化背景会影响语言的使用和理解，这对跨语言信息检索提出了新的要求。

尽管跨语言信息检索面临着诸多挑战，但其未来的发展趋势良好。例如，深度学习作为一种强大的机器学习技术，已经在许多自然语言处理任务中取得了突破性的进展。在跨语言信息检索领域，深度学习也有着广阔的应用前景。通过深度神经网络模型，人们可以更好地应对语言的复杂性和多样性，提高查询翻译和文档翻译的效果。跨语言信息检索的个性化服务也是一个重要的发展趋势。随着用户需求的多样化和个性化，跨语言信息检索不再仅仅满足于提供通用的查询服务，而是需要根据用户的特定需求和背景提供个性化的检索结果。这需要相关人员进一步挖掘和理解用户的信息需求，开发出更加智能和个性化的检索系统。

第三章　数字化时代语言资源的获取与处理

本章主要探讨了数字化时代语言资源的获取与处理：首先，笔者介绍了数字化语言资源的类型，如网页、电子书、数据库和语料库等；其次，笔者详细介绍了语言资源的描述和处理，包括文本数据和语音数据的预处理、特征提取，多模态数据处理；最后，笔者介绍了元数据和资源描述框架，讨论了如何使用 Dublin Core、LOM 和 RDF 等标准来描述和管理语言资源。通过对这些方法和工具的理解和掌握，研究人员和开发人员可以更有效地获取、处理和利用语言资源，推动自然语言处理和计算语言学领域发展。

第一节　数字化语言资源分类

一、书面语言资源

在线资源是书面语言资源的一种形式。在线资源是互联网上的丰富信息源，提供了大量的文本、图像、音频和视频等数据。这些资源可以被用于各种目的，如教育、研究、娱乐、社交等。

网页是互联网的基础，包含了各种形式的内容，如文本、图像、视频、音频、动画等。它们通常由 HTML（超文本标记语言）编写，可以通过网页浏览器查看。网页包含各种信息，如新闻、商品信息、个人资料、公司信息等。网页的内容经常更新，呈现出最新的信息和趋势。电子书是一种数字化的书籍形式。电子书提供了与纸质书相同的内容，但具有搜索、字体调整等额外功能。许多图书馆和在线平台都会提供电子书资源，如电子教科书、电子小说等。微博是个人或组织发布和分享想法、经验、知识等的在线平台。微博内容通常以短小精悍的形式呈现，涵盖了诸如技术、生活、旅行、美食等众多主题。微博的特点是信息的快速传播和高度互动性，许多微博允许用户评论、转发和点赞，形成了一个热闹的交流和分享社区。抖音则是以短视频为主的社交媒体平台。用户可以在抖音上发布、分享视频内容，涵盖了包括娱乐、教育、生活方式等多种领域。抖音的核心特色是其强大的算法，能够推送用户感兴趣的内容，同时鼓励用户创作和参与各种互动和挑战。微博和抖音作为现代语言资源的宝库，为人们提供了丰富多样的观点和及时的信息。面对这些庞大和多样化的语言数据，人们需要考虑如何有效地搜索、获取、理解和利用这些资源。现代技术如大数据分析、自然语言处理和机器学习等，为人们提供了处理和理解这些语言资源的有效手段。通过这些技术，用户可以更精准地找到所需信息，也为内容创作者提供了更多元化的表达和互动方式。

1. 网页资源的挖掘和利用

网页作为一种在线资源，已成为研究、教育和商业等领域的重要信息来源。挖掘和利用网页资源是一个关键的课题。其具体内容如下：首先，需要使用网络爬虫技术，根据预定的规则自动浏览网页并获取相关信息，如文本、图片、音视频等内容；其次，可以通过 HTML 解析、文本挖掘等技术，对获取的语言数据进行处理和分析，用于进一步的语言学研究、市场分析或产品开发等。此外，由于网页数据具有时效性和动态性，因而挖掘的语言资源需要定期更新和维护。这一过程不仅丰富了现有的语言资源库，还为多种应用领域提供了关键的数据支撑。

网络爬虫是一种用来自动浏览万维网的网络机器人。这种技术广泛应用于互联网数据采集，如搜索引擎的索引构建。网络爬虫的设计和实现涉及许多挑战，如 URL 管理、性能优化等。HTML 解析是从 HTML 文档中提取信息的过程。HTML 文档通常包含了大量的标签和属性，需要通过解析技术将这些标签和属性转换为结构化的数据，以便进一步处理和分析。HTML 解析可以使用各种库和工具，如 Beautiful Soup、lxml 等。HTML 解析的挑战包括处理嵌套的标签、不规范的 HTML 文档、动态生成的内容等。文本挖掘是从文本数据中发现有用信息和知识的过程。该过程中主要有信息提取、主题建模、情感分析、文本分类、实体识别等任务。文本挖掘可以使用各种方法和技术，如自然语言处理、机器学习、深度学习等。文本挖掘的挑战包括处理大规模的文本数据、理解复杂的语言现象、解决模型的可解释性问题等。由于互联网具有开放性和动态性，因而网页内容可能会频繁地更新和改变。因此，在挖掘和利用网页资源时，需要考虑数据的时效性和动态性。一方面，需要定期更新数据，以获取最新的信息。另一方面，需要处理因数据变化产生的问题，如处理新出现的网页结构、处理由于网页更新而导致的数据缺失问题。

网页资源的挖掘和利用是一个复杂的过程，在此过程中需要结合多种技术和策略。这样，人们可以从海量的网页数据中获取有价值的信息和知识。

2. 电子书的获取和处理

电子书作为重要的语言资源，具有内容丰富、易于获取和使用的特点。这种数字化的文字资料为语言研究、教学提供了素材。电子书的广泛使用不仅推动了数字化阅读的普及，也为现代语言科学和技术的发展提供了一定的资源基础。

电子书作为一种重要的知识资源，获取方式多样。在线图书馆、电子书商店、学术论文数据库等都是获取电子书的主要渠道。此外，有些出版社和作者也会在自己的网站上提供电子书。在获取电子书时，应注意版权问题，确保合法获取和使用。电子书通常有多种格式，如PDF、EPUB、MOBI、AZW等。每种格式都有其特点，如PDF格式的电子书布局固定，适合于需要精确布局的书籍，如教科书、技术书籍等；EPUB格式的电子书布局流动，适合于只需要文字信息的书籍，如小说等。解读电子书时需要对不同格式的文件进行解析，提取其中的文本、图像等内容。这可能需要使用到PDF解析库、EPUB解析库等工具。

电子书的内容丰富，可以进行多种分析和利用。例如，可以通过文本挖掘技术提取电子书中的主题、情感、人物关系等信息；可以通过机器学习技术构建电子书推荐系统，帮助用户找到其感兴趣的书籍；可以通过信息检索技术构建电子书的搜索引擎，帮助用户快速找到所需的信息。电子书具有许多纸质书所不具备的特性，如可搜索、可编辑、可链接等。利用这些特性，可以提高电子书的使用效率和体验。例如，可以通过搜索功能快速找到所需的内容；可以通过编辑功能做笔记和标注；可以通过链接功能关联相关的内容。

3. 微博的分析与应用

微博作为中国主要的社交媒体平台之一，不仅是信息发布和传播的重要工具，而且在现代社会中扮演着日益重要的角色。它的发展经历了从简单的文字分享到多媒体信息交流的转变，现已成为集新闻、娱乐、社交于一体的综合性平台。在这个过程中，微博凭借其独特的特性和强大的功能，对社会信息流动、公共舆论形成以及文化传播产生了深远的影响。

微博的核心优势在于其快速的信息传播能力和广泛的覆盖范围。作为一个开放的平台，用户可以轻松地发布消息，这些消息能够迅速通过关注系统传播给其他用户。这种传播方式在公共事件、热点新闻乃至于紧急情况的报道上展现了极强的效能。例如，在自然灾害或社会事件发生时，微博常常是信息传播的最前线，用户通过微博分享现场图片、视频和文字描述，使得公众能够快速获取到第一手的信息。微博也是一个强大的舆论场所。不同于传统媒体，微博平台上每个人都可以是信息的发布者。用户通过发布微博、评论和转发参与到公共话题中，这些互动形成了复杂而多元的网络舆论空间。这种多方参与和立场表达的方式，极大地丰富了公共讨论的深度和广度。在这个过程中，不同观点的碰撞和交流，有助于形成更为全面和多元的社会认知。微博在商业领域的应用也愈发显著。众多企业和品牌通过微博进行产品宣传、市场营销和客户服务。利用微博的大数据分析能力，企业可以更精准地定位目标市场和客户群体，实现更有效的营销策略。此外，微博作为一个社交平台，其互动性也为品牌与消费者之间的沟通提供了便捷的渠道。品牌可以通过发布微博、互动评论等方式，加强与消费者的联系，提升品牌形象和用户忠诚度。在文化层面，微博也扮演着重要的角色。通过支持和传播多种文化内容，微博成为了促进文化多样性的平台。用户可以在微博上发现和分享各种文化元素，如音乐、电影、书籍、艺术等。这种文化的共享和传播，不仅促进了文化产品的流通，也丰富了公众的文化生活。此外，微博还为许多文化工作者提供了展示自己作品的机会，为他们建立起与公众直接沟通的桥梁。

然而，微博信息的真实性和可靠性一直是微博平台亟需解决的问题。由于信息发布的门槛低，不实信息和谣言有时会在平台上迅速传播，对公众意见和社会秩序造成影响。因此，加强信息审核和打击虚假信息的措施对于维护平台的健康发展至关重要。随着用户数量的增加，如何有效管理和引导健康的网络交流，也是微博需要面对的重要任务。未来，随着技术的不断进步和用户需求的变化，微博仍将在不断地进化和创新。借助于人工智能、大数据等先进技术，微博可以提供更加个性化和高效的信息服务。同时，作为社

会公共空间的一部分，微博在社会治理、文化传播和商业创新等方面仍有巨大的潜力和价值。总的来说，微博作为一个信息发布和交流的平台，不仅影响着信息的流动方式，也在塑造着现代社会的交流模式和文化风貌。

4. 抖音的挖掘和利用

抖音作为当今中国最流行的短视频平台之一，其影响力已远远超出了单纯的娱乐领域，成为了一个多功能的社交和商业平台。以其独特的方式，抖音正在重新定义人们获取信息、娱乐自己以及与他人互动的方式。在这个平台上，无数的用户、内容创作者和商业品牌共同构成了一个充满活力和创造力的生态系统。

抖音的核心优势在于其高度优化的算法，能够根据用户的行为和偏好推送个性化内容。这种算法确保了用户能够持续接触到他们感兴趣的内容，从而增加用户在平台上的停留时间。对于内容创作者而言，这意味着他们的作品有更大的机会被观众看到，无论他们的粉丝数量多少。这种机制鼓励了更多的用户参与到内容的创作中来，从而丰富了平台的内容多样性。抖音的另一个关键特点是其短视频格式。短视频作为一种轻量级的内容形式，既易于消费也易于创作。这使得抖音成为了一种快速、高效的信息传播工具。在这个平台上，用户可以迅速地了解到最新的流行趋势、新闻事件甚至是教育信息。同时，短视频的易于分享性质也使得抖音成为了传播病毒式内容的理想平台，无数的挑战、梗和流行文化元素在这里诞生并迅速传播。

随着电商功能的整合，越来越多的品牌和商家开始利用抖音作为推广和销售的渠道。通过与内容创作者的合作，品牌可以以更加自然和引人入胜的方式向潜在客户展示他们的产品和服务。此外，抖音的直播功能也为电商带来了新的可能性，使消费者能够实时与卖家互动，增加了购物体验的互动性和趣味性。抖音在文化传播方面的作用同样不容忽视。它为传统文化和地方特色提供了一个展示的舞台，促进了文化遗产的传承和创新。通过抖音，传统文化得以以更现代和大众化的方式呈现给年轻一代，从而提高了其吸引力和影响力。同时，抖音也成为了一个文化交流的平台，人们可以通过它了解和体验不同地区和国家的文化。

然而，抖音信息真实性和内容质量的保障是其中之一。由于内容的生成和传播速度极快，不实信息和低质量内容的监管成为了一个亟待解决的问题。此外，如何保护用户隐私和数据安全，同时维护一个健康的网络环境，也是抖音需要面对的重要任务。随着技术的发展，抖音有望继续扩展其功能和应用范围。人工智能和大数据技术的进步将使得内容推荐更加精准，用户体验更加个性化。同时，抖音也有潜力成为一个更加全面的生活服务平台，涵盖教育、健康、旅游等多个方面。

二、口头语言资源

口头语言资源是指以声音形式存在的语言数据，这些数据通常来源于日常对话、访谈、会议等各种口头交际活动。口头语言资源与书面语言资源相比，更能体现语言的实时性、动态性和情境性，因此在语言学研究、语音识别、语义理解等领域具有重要价值。然而，口头语言资源的收集和整理工作比较复杂，包括音质的控制、口音和方言的处理、非语言信息的标注等。此外，口头语言资源的保护和利用也面临着伦理、法律和技术等多方面的挑战。

（一）音视资源

音视资源，包括讲座、电视节目和电影等，是口头语言资源的关键组成部分，以动态和多元的方式反映了真实的语言行为，富含了丰富的语言及非语言信息。其不仅在语言学研究和教学中具有极高的价值，也在机器学习和人工智能等领域有广泛的应用。

1. 语音信号采集与处理

语音信号采集与处理是收集口头语言资源的第一步，也是非常重要的一步。采集设备的质量和功能会直接影响后续的处理效果。

（1）语音信号的采集设备。语音信号的采集设备主要包括麦克风、录音设备等。现代的麦克风有多种类型，包括动圈麦克风、电容麦克风、压电麦克风等。这些麦克风在采集声音信号时有各自的特点和优势。例如，动圈麦

克风结构简单，耐用，适合于各种环境；电容麦克风灵敏度高，音质优良，适合于录音室等专业环境。

（2）语音信号的预处理和特征提取。语音信号被采集后，通常需要进行预处理和特征提取。预处理主要包括噪声去除、增益控制、预加重等步骤，目的是去除信号中的干扰因素和提高信号的质量。特征提取则是将语音信号转换为一种更适合于机器处理和识别的格式。常用的特征包括梅尔频率倒谱系数（MFCC）、线性预测倒谱系数（LPCC）等。

2. 语音识别与文本转录

语音识别是将语音信号转化为文本的过程，是处理口头语言资源的重要一步。

（1）语音识别的基本技术流程。语音识别的基本技术流程主要包括声学模型和语言模型两部分。声学模型将语音信号转化为音素或词，语言模型则负责根据语言的规则和上下文信息，将音素或词转化为完整的句子。这两部分需要协同工作，如此才能完成语音识别的任务。

（2）语音识别中存在的问题和挑战。虽然语音识别技术在近年来已经取得显著的进展，但是仍然存在一些问题和挑战。其具体内容如下：首先，对于噪声环境下的语音识别，尽管有一些噪声抑制和信号增强技术，但是仍然面临识别精度下降的问题；其次，对于多说话人、方言、口音、语速变化等复杂场景的语音识别，处理起来存在一定的困难；最后，现有的语音识别系统大多基于深度学习技术，需要大量的标注数据进行训练，这也是一个重要的挑战。

3. 音频、视频内容的分析和利用

（1）内容分析。音频、视频内容不仅包括语音信息，还包括图像、文字等多模态信息。对这些内容进行分析，可以从中提取关键信息，如人物、事件、情感、主题等。例如，可以通过情感分析技术分析讲座的情感色彩，通过主题模型分析电视节目的主题内容。

（2）知识获取和应用。通过音频、视频内容分析，人们可以获取丰富的

知识，这些知识可以用于许多方面，如教育、新闻、娱乐等。例如，可以通过分析讲座视频，获取专家的知识和观点；通过分析电影，可以理解文化背景、社会问题等。在口头语言资源的挖掘和利用中，需要注意一些问题，如隐私保护、版权问题等。

（二）社交媒体资源

本部分主要包括社交媒体数据的采集方法，如使用API获取数据并进行清洗和预处理。总之，对社交媒体中口语对话、音频和视频数据的挖掘和利用为人们提供了丰富的信息和见解。

1. 社交媒体数据采集

社交媒体数据采集主要涉及利用社交媒体平台的API（应用程序编程接口）来获取需要的数据，这些数据可以根据特定的关键词、地理位置、时间范围等参数进行定制化获取。由于获取的数据常常包含大量的噪声和无关信息，因此需要进行数据清洗和预处理，包括文本分类、去重、情感分析以及提取关键信息等步骤，以便后续的分析和利用。

（1）社交媒体平台API的使用。社交媒体平台如Twitter、Facebook、WeChat等，通常提供API，以便于用户获取其公开的社交媒体数据。通过API，人们可以定制化地获取所需数据，如按照特定的关键词、地理位置、时间范围等参数获取相关的帖子或评论。在使用API获取数据时，需要注意每个平台的请求限制，以及数据隐私和合规性问题。

（2）社交媒体数据的清洗和预处理。社交媒体数据通常包含大量的噪声和无关信息，如广告、恶意信息、重复信息等。清洗这些数据需要使用各种方法，如文本分类、去重、情感分析等。此外，社交媒体数据通常是非结构化的，需要进行预处理，如提取关键信息（用户ID、时间、地点、主题等），进行文本分词、词性标注、命名实体识别等。

三、机器生成的语言资源

机器生成的语言资源是现代语言技术发展的产物，其中，机器翻译结果

作为这类资源的重要部分，为人们理解、使用和研究语言提供了全新的视角和可能性。这种资源不仅丰富了人类的语言资源库，也推动了人工智能技术在语言处理领域的应用和发展。

（一）机器翻译结果

机器翻译结果这种资源通过人工智能技术生成，极大地推动了跨语言和跨文化的交流与理解。

1. 机器翻译系统的数据需求

（1）不同类型机器翻译系统的数据需求。不同类型的机器翻译系统对数据的需求有所不同。基于统计的机器翻译系统通常需要大规模的双语平行语料作为训练数据，这种语料中包含源语言和目标语言的对应句子。而基于神经网络的机器翻译系统更加依赖于大规模的单语语料，这种预料中包括大量的源语言和目标语言的句子对。

（2）数据对机器翻译系统的影响。数据对机器翻译系统的翻译质量有着重要的影响。更多的训练数据可以生成更好的语言模型，有助于提高翻译的准确性和流畅度。同时，数据的质量和平衡性是影响机器翻译结果的关键因素。因此，选择合适的训练数据并进行预处理和优化，对于提高机器翻译系统的翻译质量至关重要。

2. 机器翻译的基本流程与分类

机器翻译的基本流程包括预处理、翻译模型训练、解码和后处理等。在预处理阶段，源语言文本会经过分词、词干提取、词性标注等处理，以供机器翻译系统使用。在翻译模型训练阶段，使用已有的双语平行语料来训练机器翻译模型。在解码阶段，使用训练好的模型将源语言文本转换为目标语言文本，这一过程涉及搜索最佳翻译候选的复杂算法。在后处理阶段，可以通过拼写校正、语法修正等方式进一步优化翻译结果。机器翻译可以进一步细分为基于规则的翻译、基于统计的翻译和基于神经网络的翻译，它们具有不同的特点和优势。通过这一描述，读者可以更清晰地了解机器翻译的整个过程和分类。

3. 机器翻译结果的质量评估与使用

机器翻译结果的质量评估是判断其翻译准确性和可读性的重要步骤。常用的评估方法包括人工评估、自动评估和对比评估。人工评估通常由专业的翻译人员或人工智能专家进行，对翻译结果进行准确性和流畅度等方面的评估。自动评估方法基于计算机算法，通过比较机器翻译结果与参考翻译之间的差异，计算出各种评估指标，如 BLEU、METEOR、TER 等。对比评估则是将机器翻译结果与人工翻译结果进行比较，以评估其优劣。

（二）自然语言生成的文本

1. 自然语言生成技术与应用

自然语言生成（NLG）技术是自然语言处理技术的重要分支，它的核心目标是将非语言输入（数据、图像等）通过计算机算法和模型转化为自然语言的形式。这种转换过程涉及多种复杂的机器学习算法和深度学习模型，如决策树、隐马尔可夫模型等，这些算法和模型需要处理大量的数据，学习和抽象出自然语言的规则和模式，然后利用这些规则和模式生成新的自然语言文本。

自然语言生成技术在许多领域都有广泛的应用：首先，它在机器翻译领域有广泛的应用，机器可以将一种语言的文本转化为另一种语言的文本，这极大地推动了全球化的进程；其次，自动摘要也是自然语言生成技术的一个重要应用，这种技术可以将文本转化为简洁明了的摘要，帮助用户快速获取信息；再次，自然语言生成技术也在对话系统中发挥着重要作用，使得机器可以理解用户的意图，生成自然、流畅的回应，实现人机交互；最后，文档生成是自然语言生成技术的又一个重要应用。例如，有一些应用可以根据用户输入的关键词，自动生成相关的文章或报告。这些应用可以大大提高文档生成的效率，节省人力资源。

自然语言生成技术的发展使得计算机能够生成更自然、更流畅、可读性更高的文本，显著提高了人工智能的语言理解和生成能力。虽然自然语言生成技术可以在很多方面使用，但其仍然面临许多挑战，如如何处理语义的复

杂性和歧义性，如何保证生成文本的准确性和一致性，如何处理不同语境下的语言使用等。这些问题的解决需要人们不断研究和探索。

2. 自然语言生成文本的简介

自然语言生成文本不仅仅是简单的复制和重组已有的语言片段，而是通过模型的学习和推理能力创造出新的、具有逻辑和连贯性的文本内容。这一文本的内容和风格可以通过调整模型的参数和约束条件进行控制，使其符合特定的要求和场景。而且，在相同的输入条件下，模型可以生成不同的输出文本，增加了文本的丰富性和变化性。

四、公开数据库与语料库

（一）公开数据库

公开数据库提供了大量的非结构化文本数据，其可以用于各种目的。在公开数据库中，可通过结构化信息抽取提取数据库中的关键信息。在使用公开数据库时需要遵守相关的使用限制和注意事项，包括遵守数据库的使用条款、保护数据的版权和隐私等。

1. 公开数据库的结构化信息抽取

公开数据库是信息社会的重要资源库，它们通常包含大量的信息，这些信息可能是非结构化的，以文本、图像或其他形式存在。非结构化信息的存在使得数据的提取、检索和利用变得相对困难，因此，人们需要借助结构化信息抽取技术来将这些信息转换为可供计算机处理的形式。

结构化信息抽取是自然语言处理和机器学习领域的重要研究方向。其基本目标是从非结构化的文本数据中提取出关键信息，如实体名称、属性和关系，这些关键信息通常被组织为预定义的数据结构，如数据库表、XML 文件等。实体名称可以是人名、地名、组织名等，属性可以是人的年龄、地方的位置、组织的规模等，关系可以是人与人之间的亲属关系、地方与地方之间的地理关系、组织与组织之间的合作关系等。

要想进行结构化信息抽取，人们需要采用各种自然语言处理技术和机器学习算法。其中，自然语言处理技术可以用于分析文本的语法结构和语义含义，如分词、词性标注、句法分析、语义角色标注等；机器学习算法可以用于训练模型，从大量的文本数据中学习实体、属性和关系的表示和抽取方法，如决策树、随机森林、支持向量机、深度神经网络等。

通过结构化信息抽取，人们可以将非结构化的文本数据转换为结构化的数据，这将大大提高数据的可用性和价值。用户可以更快地找到所需的内容，数据分析师可以更方便地进行数据分析，软件开发者可以更容易地开发数据驱动的应用。此外，结构化信息也可以用于支持更复杂的数据处理任务，如数据挖掘、知识图谱构建、智能问答等。

2. 公开数据库的使用限制与注意事项

公开数据库作为广泛使用的信息资源库，提供了丰富的数据供个人、企业和研究机构进行数据分析、产品开发等工作。然而，在使用公开数据库时，有一些重要的使用限制和注意事项需要人们严格遵守，以确保合法、合规和高效的使用。其主要内容如下：

第一，人们需要遵守数据库的使用条款和条件。公开数据库通常有明确的使用协议，规定了用户应该如何使用数据、如何引用数据以及对数据进行何种形式的处理是被允许的。这可能包括禁止将数据用于商业目的、禁止将数据用于违法行为、禁止将数据与其他数据集混合等。在使用数据前，人们需要仔细阅读这些使用条款和条件，以确保自己的使用行为是正确的。第二，人们需要保护数据的版权和隐私。虽然数据是公开的，但这并不意味着数据没有版权或可以随意使用。在使用数据时，人们需要尊重数据的版权，如正确引用数据源、不修改数据内容等。同时，人们需要保护数据中可能包含的个人隐私，如不泄露个人信息、不会做出侵犯个人隐私的行为等。在处理含有个人信息的数据时，人们需要采用匿名化、脱敏等技术。第三，人们需要注意数据的准确性和可靠性。公开数据库中的数据可能存在错误、遗漏、偏差等问题。在使用数据时，人们需要检查数据的质量，如验证数据的正确性、评估数据的完整性、分析数据的代表性等。人们不能盲目地相信数

据，而应该对数据有批判性的思考。公开数据库的数据量可能非常庞大，获取和存储数据可能需要一定的网络带宽、存储空间。在使用数据前，人们需要评估这些技术和资源要求，确保自己有足够的能力和资源来处理数据。

3. 其他公开数据库的详细介绍

在现今信息化时代，公开数据库扮演着重要的角色，为学术研究、商业分析和社会发展提供了关键支持。除了常见的 Wikipedia 和 IMDb 等，还有许多用于特殊领域的公开数据库，其各具特色和用途。以下将详细介绍这几个重要的数据库。

（1）DBpedia。DBpedia 从维基百科中抽取结构化信息，建立了一个覆盖多领域的语义网络。DBpedia 的数据是多语言的，涵盖了科学、文化、体育等领域。这些数据可以通过 SPARQL 查询语言进行访问，使研究人员能够探索各种复杂的关系和模式。例如，可以查询特定地区的名人，或者找到某一时期的重要历史事件。

（2）OpenStreetMap。OpenStreetMap 提供了全球范围内的地图和地理信息。具体而言，不仅包括街道和公路，还涵盖了山脉、河流、公园等自然地貌。OpenStreetMap 的数据由全球志愿者共同贡献，通过 GPS 设备和卫星图像进行收集和验证。这些数据在导航、城市规划、灾难响应等方面有着重要价值。

（3）PubChem。PubChem 是一个化学信息数据库，为化学、生物学和医学研究提供了宝贵资源。它包括数百万种化合物的详细信息，如分子结构、化学性质、生物活性等。研究人员可以通过 Web 界面和 API 进行查询和下载，以支持科学实验和药物开发。

（4）UCI 机器学习数据库。UCI 机器学习数据库是一个集中了多个机器学习数据集的平台。这些数据集覆盖了图像识别、文本分类、金融预测等多个领域。通过这些数据集，研究人员和工程师可以测试和比较不同的机器学习算法。该库的数据集格式多样，易于下载和使用。

（5）国际货币基金组织的数据库。国际货币基金组织的数据库提供了全球经济和金融数据，包括通货膨胀率、失业率、生产总值等关键指标。这些数据对于政府政策制定、投资分析和经济研究具有重要意义。国际货币基金组织提供了方便的在线查询工具和 API，使用户能够方便地访问和分析数据库中的数据。

（6）Common Crawl。Common Crawl 是一个开放的网络抓取数据集，包括数十亿个网页的文本内容。这些数据可以用于大数据分析、自然语言处理和搜索引擎开发等方面。通过 Amazon S3 和其他云服务，用户可以灵活地访问和处理这些庞大的数据。

（二）语料库

语料库作为大规模的自然语言文本集合，对于语言学研究和语言技术开发来说，具有极其重要的价值。

1. 语料库的构建与维护

构建语料库首先要考虑语料库设计。在这一阶段，需要确定语料库的目标和类型，如是否为特定领域的语料库，是同步语料库还是历时语料库等。这将决定后续收集的语料类型，是书面语料还是口头语料，是现代文本还是历史文本。同时，语料库的规模需要在设计阶段确定。选择合适的语料样本是构建语料库的重要环节。选择的样本要尽可能地覆盖各个语境和语言现象，以确保语料库的代表性。例如，对于现代英语语料库，需要包含各种题材的书面语料，各种情境下的口头语料，甚至网络语言、方言等，从而全面反映现代英语的使用情况。数据采集，是构建语料库的关键步骤。这一阶段需要系统地收集符合条件的文本数据，同时需要遵守相关的法律和伦理规定，如尊重原作者的版权，保护涉及个人隐私的信息等。文本清洗和标注，是保证语料库质量的重要环节。在构建完语料库后，其维护工作就显得尤为重要。维护包括数据的更新和扩充，以适应语言的变化和研究的需求。此外，质量控制也是维护工作的一部分，需要定期对语料库进行审核和修订，以确保数据的准确性和一致性。

2. 语料库在语言学研究中的应用

语料库在语言学研究中的应用广泛且深远，因为它提供了大量的实证数

据，使语言学研究得以基于实际的语言使用情况，而非仅仅依赖理论推断或者个别实例。它涉及的应用领域包括但不限于语言变体研究、语法分析、语义分析、词汇研究和语用分析等。

语料库在语言变体研究中起着至关重要的作用。语料库收集了不同地区、不同社会群体、不同语境下的语言数据，使得研究者能够对比分析不同语言变体之间的差异，研究语言变化的规律，了解社会文化因素对语言的影响。语法分析是语料库的重要应用领域。通过对大量语料进行分析，研究者能够观察到语言规则的应用，发现新的语法现象，验证和完善语法理论。对于一些复杂的语法结构和罕见的语法现象，语料库提供了丰富的实例，有助于人们理解和解释这些现象。在语义分析方面，语料库同样发挥了重要作用。语料库提供了大量的上下文信息，使得研究者能够研究词义在特定语境下的使用和变化，理解语义的复杂性和动态性。此外，基于语料库的语义关联和语义网络研究，也有助于揭示语言的深层结构和规律。在词汇研究中，语料库被广泛应用于新词发现、词频统计、词义演变、词语搭配等方面。研究者可以基于语料库分析词汇的使用情况，了解词汇的发展和变化，推动词汇语义学和词汇学的发展。语用分析是语料库应用的另一个重要领域。语料库提供了各种语境下的实际语言数据，使得研究者能够研究语言的实际使用情况，理解语言的交际功能，探索语境对语言理解的影响。

3. 其他语料库的详细介绍

语料库种类繁多，各具特色，不仅有大型的综合性语料库，还有许多针对特定语言、主题或领域的专门语料库。以下是一些语料库的具体介绍。

汉语平衡语料库（SC）是真实反映现代汉语多样性的大型平衡语料库。CHB 的特点在于其多样化的内容选择和严格的平衡设计。这个语料库包括多种风格的语料，以及中国各地的语言使用现象。通过这一特殊设计，CHB 为语言学家和研究人员提供了一个窗口，可以深入探索汉语的方言差异、语言演变、文体特征等复杂现象。CHB 的使用也相当灵活和直观。用户可以通过这个语料库，对词汇、句法、语义进行深入分析和研究。通过可视化工具，研究人员还可以清晰地看到不同风格之间语言的特点和差异。此外，CHB 还支持定制化查询，使用户能够精确地获取所需的语言样本。

跨领域科学语料库（SciCorp）是一种专门针对科学语言的语料库。与普通的综合性语料库不同，SciCorp 涵盖了化学、物理、生物、数学、工程等众多科学领域的学术文献。SciCorp 的使用方法同样充满特色。通过一套高度定制化的搜索和分析工具，用户可以按领域、作者、关键词等检索文献，深入挖掘特定学科的语言风格、术语使用、概念演变等内容。这一特色使 SciCorp 成为研究科学沟通、学科交叉、知识传播等方面的重要工具。无论是科学历史学家、语言学家，还是科学教育工作者，都可以从 SciCorp 中获得丰富的信息和洞见，进一步推动科学语言的理解和提高科学交流的有效性。

第二节　数字化时代语言资源的描述和处理

在数字化时代，语言资源的类型和形式越发多样化，其描述和处理成了一个迫切且重要的问题。本节主要探讨数字化语言资源的描述和处理方法，涉及数据的分类、标注、清理、过滤等环节，旨在提高语言资源处理的效率。

一、文本数据处理

（一）数据清洗和标准化

数据清洗和标准化是数据预处理的两个重要步骤，使用它们可确保数据的质量和一致性。其中，数据清洗是一个过程，涉及检测、纠正或删除数据集中的错误、不一致和无关的记录。其主要目的是提高数据的质量，使其更适合分析。数据标准化是将不同来源或格式的数据转换为一种统一和一致的形式。这对于多源数据集是必要的，其可能存在不同的度量单位、尺度或格式。在进行文本数据处理之前，需要对原始数据进行清洗和标准化，以确保数据的质量和一致性。

1. 去除无关字符

在文本数据处理中，人们经常会遇到一些无关的字符，这些包括但不限于特殊符号和URL链接等。这些无关字符不仅占据了数据的空间，还可能干扰后续的文本分析和挖掘任务。

去除这些无关字符是文本数据处理的重要环节。通过采用各种文本处理技术，可以有效地清除这些无关字符，使文本更加干净和易于处理。对于特殊符号，人们可以利用正则表达式或特定的文本处理库进行匹配和过滤。通过定义一组规则，人们可以识别和删除这些特殊符号，从而使文本保持纯粹的文本内容。对于URL链接，人们可以使用正则表达式或字符串处理函数来检测和删除这些链接。URL链接通常不包含有用的文本信息，而是指向外部资源的引用，因此在文本处理中将其删除可以减少干扰。通过去除无关字符，可以使文本更加干净和整洁，减少不必要的干扰。这有助于提高后续文本处理任务的准确性和效率。在进行字符去除时，需要谨慎处理，避免误删有用的信息。对此，人们需要根据具体任务和数据特点采用合理的处理策略，确保在保持数据质量的同时，保留重要的上下文信息。

2. 大小写转换

在文本数据处理过程中，统一将文本转换为大写或小写形式是一种常见的处理方式。这样做的目的是消除大小写带来的差异，使得后续的文本处理任务能轻松完成。

大小写转换可以减少单词形态的变化，避免因大小写不同而导致同一单词被视为不同的单词。例如，将所有文本转换为小写形式可以消除英文中的大小写区分，如“Apple”和“apple”会被视为相同的单词。同样地，将文本转换为大写形式也可以取得类似的效果。通过统一文本的大小写形式，可以提高后续文本处理任务的完成率。在进行文本分析、挖掘和应用时，人们可以更方便地进行单词匹配、词频统计、文本分类等操作，无须考虑大小写带来的差异。在进行大小写转换时，应根据具体任务和数据特点选择用大写还是小写。有些情况下，大小写信息可能包含着重要的语义信息，如专有名词、首字母缩写等。在这种情况下，需保留原始文本的大小写形式。

3. 语言检测和过滤

在处理多语种文本数据时，语言检测和过滤是必要的步骤，以确保只保留目标语言的内容。这样可以在后续的文本处理任务中保持数据准确性和一致性，并避免多语言混杂带来的困扰。

语言检测是一种识别文本所属语言的技术，常用的方法包括基于语言模型的语言检测、基于统计方法的语言检测和基于规则的语言检测。其通过分析文本中的字符、词汇、语法和语义等特征来确定文本所属的语言类别。人们可以使用预先构建好的语言模型，该模型包含各种语言的统计特征，因而能够快速准确地判断文本所属的语言。基于统计方法的语言检测利用大规模语料库进行训练，通过统计文本中字符、词频等信息的分布来进行判断。而基于规则的语言检测根据语言特征和规则进行匹配和判定。人们可以过滤掉非目标语言的文本，从而确保后续的文本处理任务在特定语言范围内进行。例如，在进行机器翻译、情感分析或信息提取等任务时，只关注目标语言的文本可以提高处理的效率和质量。语言检测和过滤过程中可能会面临一些挑战。一方面，某些文本可能具有混合语言或代码混杂的特点，这种情况下可能需要更复杂的技术和方法来进行判断和处理。另一方面，一些语言可能存在方言、口语和俚语等变体形式，这也需要考虑。

（二）分词和词性标注

分词和词性标注是自然语言处理中的重要任务，旨在将连续的文本序列划分为有意义的词语，并为每个词语赋予相应的词性标记。分词和词性标注在文本理解、机器翻译、信息检索等领域具有广泛的应用。这里主要介绍分词和词性标注的常见方法，包括规则和统计方法，以及深度学习方法。

1. 规则和统计方法

在分词和词性标注的早期研究中，常常采用规则和统计方法。规则方法是基于人工定义的语言规则，通过模式匹配和规则匹配的方式对文本进行分词和词性标注。例如，通过词典和正则表达式，可以识别和切分出一些固定的词汇和词组，并为其赋予相应的词性标记。统计方法则基于大规模的语料库进行训练，通过统计词频和词序列出现的概率来进行分词和词性标注。常用的统计方法包括隐马尔可夫模型（hidden markov model, HMM）和最大熵模型（maximum entropy model, MaxEnt）等。

2. 深度学习方法

随着深度学习的发展，深度学习方法在分词和词性标注中得到广泛应用。深度学习方法通过建立神经网络模型，利用大规模的标注数据进行训练，实现自动的特征提取和模式识别。常用的深度学习模型包括循环神经网络（recurrent neural network, RNN）、长短期记忆网络（long short-term memory, LSTM）、卷积神经网络（convolutional neural network, CNN）等。这些模型可以对文本序列进行端到端的建模和预测，实现高准确性的分词和词性标注。

深度学习方法在分词和词性标注任务中的优势在于能够自动学习输入特征的表示，并且具备一定的上下文理解能力。但是，深度学习方法需要大规模的标注数据进行训练，并且对计算资源要求较高。

（三）命名实体识别

命名实体识别是自然语言处理中的关键任务，旨在从文本中识别出具有特定意义的命名实体，如人名、地名、组织机构名等。命名实体识别在信息提取、机器翻译等方面具有重要作用。命名实体识别的常见方法有规则和词典方法，以及机器学习方法。

1. 规则和词典方法

规则和词典方法是最早被应用于命名实体识别的方法。规则方法基于人工定义的语法规则和模式匹配规则，通过规则匹配的方式识别命名实体。词典方法根据词典中的词汇进行匹配和识别。词典方法可以利用已有的命名实体词典或通过手动构建特定领域的词典。

2. 机器学习方法

随着机器学习的发展，基于统计和机器学习的方法在命名实体识别中有广泛的应用。机器学习方法通过构建特征工程和训练模型来实现命名实体的识别。常用的机器学习算法包括最大熵模型（maximum entropy model, MaxEnt）、支持向量机（support vector machine, SVM）和条件随机场（conditional random fields, CRF）等。这些方法可以利用丰富的上下文特征和词性等信息来进行命名实体的分类和标注。

（四）文本特征提取

特征提取是自然语言处理中的重要步骤，其可以将文本数据转化为机器学习算法可用的数值表示。本部分主要介绍两种常见的特征提取方法：N-gram 和 TF-IDF。

1.N-gram 模型的定义和实现

N-gram 模型是一种常见的统计语言模型，其基本思想是通过观察文本中连续的 N 个词语（词元）的出现情况，来预测语言的特性和规律。在这个模型中，N 是一个可变的参数，用来表示人们观察的词语的数量。这种模型的主要优势在于，其简单且易于实现，同时能够有效地捕捉到语言的部分结构和顺序信息。

在 N-gram 模型中，文本被切分成一系列的 N 个词语的组合，每个这样的组合称为一个“N-gram”。例如，对于句子“The cat sat on the mat.”，其 2-gram（bigram）就有“The cat”“cat sat”“sat on”“on the”“the mat”等。根据词语序列，人们可以统计每个 N-gram 在文本中出现的频率或概率。在一元模型（unigram）中，每个词语都是独立的，不考虑上下文信息。二元模型（bigram）则考虑了两个词语之间的关系。三元模型（trigram）则考虑了三个词语之间的关系。通常情况下，N 的值会根据具体的应用情况来决定。

实现 N-gram 模型的过程相对直接。其具体内容如下：首先，需要对文本进行分词处理，将文本切分成一系列单独的词语；其次，遍历这些词语，将其组成若干个 N-gram，统计每个 N-gram 在整个文本中出现的次数；最后，用每个 N-gram 的出现次数除以总的 N-gram 数量，就得到了该 N-gram 在文本中出现的概率。虽然 N-gram 模型在许多语言处理任务中都有良好的表现，

但它也有一些局限性。例如，N-gram 模型只能捕捉到相对较短的上下文信息，如果 N 值设置过大，可能会导致数据稀疏问题。此外，N-gram 模型也不能很好地处理词语的语义和语法关系，因此在某些需要理解更深层次语言结构的任务中可能效果较差。

2. TF-IDF 的计算和应用

TF-IDF（term frequency-inverse document frequency）是一种用于评估词语在文本集合中重要性的统计指标。TF（词频）指的是某个词语在文本中出现的频率，IDF（逆文档频率）指的是词语在整个文本集合中的稀有程度。TF-IDF 的计算公式：TF-IDF = $TF * \log(N / DF)$，其中 N 表示文本集合的总数，DF 表示包含该词语的文本数量。通过计算每个词语在文本集合中的 TF-IDF 值，将文本转化为数值表示。TF-IDF 在文本分类、信息检索等任务中被广泛应用。

N-gram 和 TF-IDF 在特征提取中起着重要的作用。N-gram 模型可以捕捉到词语之间的上下文关系和局部信息，有助于提取文本的语义特征。TF-IDF 则可以评估词语的重要性，从而提取文本的关键特征。这些特征提取方法为机器学习算法提供了有价值的数值表示，使文本分类、情感分析、信息检索等任务顺利完成。

（五）词嵌入

词嵌入是一种将词语映射到连续向量空间中的表示方法，可以将离散的词语转换为连续的数值向量，从而捕捉到词语之间的语义和语法关系。本部分主要介绍两种常见的词嵌入模型：Word2Vec 和 BERT。

1.Word2Vec 的原理和使用

Word2Vec 是一种基于神经网络的词嵌入模型。Word2Vec 包含两种模型：CBOW 和 Skip-gram。CBOW 模型通过上下文词语预测目标词语，而 Skip-gram 模型通过目标词语预测上下文词语。这两种模型都通过训练神经网络模型来获取词语的向量表示。使用 Word2Vec 模型时，需要做到以下几点：首先，准备大规模的文本语料库；其次，将文本进行预处理、分词和建立词汇表；再次，选择 CBOW 或 Skip-gram 模型，并通过神经网络训练模型，以学习得到词语的词向量表示；最后，利用这些词向量完成词语的语义相似性计算、文本分类、信息检索等任务。

2.BERT的原理和使用

BERT（bidirectional encoder representations from transformers）是一种基于 Transformer 架构的预训练语言模型，被广泛应用于自然语言处理任务。BERT 通过在大规模无标注的文本语料上进行预训练，学习得到丰富的语义表示。与传统的单向语言模型不同，BERT 采用了双向上下文建模的方式，能够更好地捕捉词语之间的关联信息。

使用 BERT 模型时，需要做到以下几点：首先，在大规模无标注的文本语料上进行预训练；其次，通过在特定任务上进行微调，将 BERT 模型应用于具体的自然语言处理任务中。在微调过程中，可以根据任务的需要添加额外的网络结构和损失函数。BERT 模型可以用于词语级别的任务，如文本分类、命名实体识别等，也可以用于句子级别的任务，如文本匹配、情感分析等。Word2Vec 适用于较小规模的语料库和简单的语义任务，而 BERT 适用于较大规模的语料库和复杂的语义任务。Word2Vec 的优势在于简单和高效，可以快速地训练出词向量。它通过词语的上下文信息来捕捉词语之间的语义关系，在词义相似性计算、词语聚类等任务中有良好的表现。但是，Word-2Vec 无法处理词语之间的多义性和上下文的复杂性，因此在某些语义任务中可能表现不佳。

相比之下，BERT 具有更强大的语义建模能力和上下文理解能力。BERT 使用 Transformer 架构，并采用双向上下文建模的方式，能够捕捉到更全面的上下文信息。它在大规模无标注语料上进行预训练，学习到了丰富的语义表示，可以通过微调适应不同的任务。BERT 在多种自然语言处理任务中表现良好，如文本分类、语义相似性计算等。在使用 Word2Vec 和 BERT 时，需要注意一些细节。对于 Word2Vec，需要选择适当的上下文窗口和词向量，并根据具体任务进行调整。对于 BERT，需要进行适当的预训练和微调，选

择合适的网络结构和损失函数。此外，在选择词嵌入模型时也应考虑任务的规模、数据的可用性和计算资源等因素。

二、语音数据处理

语音数据处理是自然语言处理领域中的一个重要分支，包括语音数据采集、语音数据预处理、语音特征提取、语音识别、语音数据后处理等多个环节。语音数据处理的主要目标是让机器能够理解和生成人类的语音，实现人机交互。

（一）语音数据采集

1. 数据采集的重要性

语音数据采集是语音处理的关键基础，因为在语音识别、语音合成和情感分析等任务中都要求大量的语音数据输入。在语音数据采集中，获取的数据量和质量直接决定了后续处理的效果和准确性。优质的语音数据不仅需要声音清晰、无噪声、无断裂，更需要包含各种语音特征，这些都是影响语音识别和语音合成效果的关键因素。同时，考虑到机器学习模型的泛化性，语音数据的多样性至关重要，需要包含不同性别、年龄、口音的说话人的声音。此外，要想训练出准确的模型，收集大量语音数据是必要的，因为更多的数据可以帮助模型学习和捕捉更丰富的语音特征，提升模型对不同口音、语调、语速的适应性。为了支持后续的处理和分析，对于收集的语音数据进行相应的标注，如语音转写文本、发音的时间戳、说话人的信息等，也是必不可少的步骤。可以说，语音数据的采集是决定语音处理任务成败的关键步骤，因而对其重视和投入是必要的。

2. 语音数据采集的主要方式

语音数据采集主要有两种方式：现场录音和利用已有的语音资源库。现场录音是通过麦克风等设备在实际环境中录制语音数据，这种方式可以获取最真实、最直接的语音数据，但可能会受到环境噪声等因素的影响。因此，现场录音通常需要在尽可能静音的环境下进行，以保证录音质量。另一种方式是从已有的语音资源库中获取数据。这种方式可以得到大量、多样化的语音数据，但可能会受到数据版权等因素的限制。在实际操作中，人们通常会结合这两种方式进行语音数据采集，以充分利用各种资源，获取更多的语音数据。

3. 语音数据采集的影响因素

语音数据质量对语音数据采集的影响极为深远。其具体内容如下：首先，高质量的语音数据能够提供更精确的语音特征，从而使语音识别模型能够更准确地识别出语音内容；其次，高质量的语音数据还能提升语音识别模型的泛化能力，因为高质量的语音数据通常包含更丰富的语音信息，可以帮助模型更好地学习和理解语音的各种特性和规律。因此，在采集语音数据时，人们必须高度重视数据质量，力求获取清晰、无噪声、多样化的语音数据。

在实践中，数据质量的保证涉及录音设备的选取、录音环境的优化、数据清洗等多个环节。人们需要选择性能优良的录音设备，尽可能在静音或者噪声较小的环境中进行录音，以保证录音的清晰度。对于从语音库中获取的数据，人们需要进行数据清洗，去除无效、质量低下的数据，以保证数据的质量。

（二）语音数据预处理

语音数据预处理是语音数据处理的关键环节之一，其主要目标是提高数据的质量，为后续的语音识别和分析任务提供更好的数据输入。预处理过程通常包括噪声去除、音频分割和音频增强以及语音识别前的数据格式化等步骤。

1. 噪声去除

噪声去除是语音数据预处理的关键一环，其目标在于优化语音信号的质量并提高语音识别的准确度。在实际的语音数据中，不可避免地夹杂着各种

噪声，如环境噪声、设备噪声、通信噪声等，这些噪声干扰会对语音信号的清晰度产生负面影响，从而降低语音识别的准确性。为了减少语音信号中的噪声，人们需要采用多种噪声去除技术，包括但不限于谱减法、小波变换、自适应滤波等。这些技术有力地削弱了噪声的干扰，使得语音信号在清晰度和可识别度上得到显著提升。

2. 音频分割和音频增强

音频分割和音频增强是语音数据预处理的另外两个重要步骤。音频分割的目标是将连续的语音信号划分为独立的语音段，这对于后续的语音识别和理解具有关键作用。音频增强则旨在进一步提升语音信号的质量，如通过调整语音信号的音量、音调等特性，使其更适用于语音识别。具体的技术包括动态范围压缩、回声抑制、自动增益控制等。

3. 语音识别前的数据格式化

在进行语音识别之前，人们通常需要将语音数据格式化，使其符合语音识别模型的输入要求。语音数据格式化主要包括采样率转换、量化编码、帧同步等步骤。其中，采样率转换是为了让语音信号的采样率符合语音识别模型的要求；量化编码是为了将模拟的语音信号转换为数字信号，便于计算机处理；帧同步则是为了在时域上对齐语音信号，便于进行帧级别的语音识别和分析。数据格式化是语音数据预处理的最后一步，它对提高语音识别的准确性和效率有着重要作用。

（三）语音特征提取

语音特征提取是语音数据处理中的一项重要工作，其主要目标是从原始的声音信号中提取出有意义的、代表性的特征，以便于进行后续的处理和分析。提取的特征需要能够反映语音的关键属性，并能够在后续的处理中保持稳定。梅尔频率倒谱系数（MFCC）和 Spectrogram 是两种常用的语音特征提取方法。

1. 特征提取方法

梅尔频率倒谱系数（MFCC）是基于人类听觉感知的特性设计的，它能有效地提取出语音的频域特性，是语音识别领域较为常用的特征提取方法之一。MFCC 的提取过程包括多个步骤：第一，进行预加重，强化高频部分的能量；第二，将语音信号进行分帧，使每一帧都包含一个短暂的声音信号；第三，通过窗函数来对每一帧的边缘进行平滑处理，减少频谱泄露；第四，对每一帧进行快速傅里叶变换（FFT），获取其频谱；第五，使用梅尔滤波器组对频谱进行滤波，模仿人耳的听觉特性；第六，进行对数运算，模仿人耳对声压级的感知；第七，通过离散余弦变换（DCT），得到最终的 MFCC 特征。在此提取过程中，MFCC 反映了人类听觉感知的特性，使得它在语音识别等任务中表现优异。

Spectrogram 是另一种常用的语音特征提取方法。它是一种展示声音信号频谱随时间变化的二维图像，能够清晰地显示出语音的音高、音色、音强等信息。Spectrogram 的生成通常需要通过短时傅里叶变换（STFT）来实现，该过程可以获取声音信号在各个时间段的频谱信息。Spectrogram 将语音信号在时间和频率两个维度上进行了表示，使得人们可以直观地观察到语音信号的特性和变化。

2. 特征选择和特征工程的重要性

特征选择和特征工程在语音数据处理中占有极其重要的地位。特征选择指的是从所有提取的特征中挑选出最有用的特征，这一特征能够有效地反映语音信号的关键信息，提高语音识别的准确度。特征工程则是对已有特征进行变换或组合，生成新的特征。合理的特征选择和特征工程能够提高模型的性能，降低模型的复杂度，加快模型的训练速度。因此，特征选择和特征工程是语音数据处理中不可或缺的环节，任何忽视这一环节的研究都将难以达到理想的效果。

（四）语音识别

语音识别作为语音数据处理的重要环节，其影响力日益显著。它不仅是

实现语音交互的基础，更是众多人工智能应用的关键技术之一。

1. 基于隐马尔科夫模型的语音识别

基于隐马尔科夫模型（hidden markov model, HMM）的语音识别方法是早期语音识别的主流方法。HMM 是一种统计模型，用来描述一个隐含未知参数的马尔科夫过程。这种方法使用训练数据来估计模型参数，以达到最大化观察到的语音序列的概率。尽管 HMM 的模型假设较为简单，但其在语音识别中的应用取得了显著的成功。

2. 基于深度学习的语音识别

随着深度学习的发展，基于深度学习的语音识别技术成为主流。与 HMM 相比，深度学习模型能够自动从数据中学习到更加复杂的表示，提高了语音识别的准确性。例如，深度神经网络（DNN）可以替代 HMM 中的高斯混合模型（GMM）进行声学建模，这提高了语音识别的准确性。近年来，循环神经网络（RNN）和其变体，如长短期记忆网络（LSTM），门控循环单元（GRU）等，因其能够更好地处理序列数据，成为语音识别中的重要技术。

3. 语音识别的评估指标

语音识别的评估通常使用词错误率（word error rate, WER）作为主要指标。WER 是识别结果与参考文本之间的编辑距离（插入、删除、替换的词数）占参考文本词数的比例。WER 越低，说明语音识别的准确性越高。此外，句子错误率（sentence error rate, SER）、词准确率（word accuracy）等也常用于评估。对于特定的任务，可能还会有其他的评估指标，如实体识别准确率、语义理解准确率等。

（五）语音数据后处理

1. 语音合成

语音合成作为语音数据后处理的核心环节，致力于将人类可理解的文本信息转化为具有高度自然性和可理解性的语音信号。这一过程涵盖了基于拼接的语音合成、基于参数的语音合成，以及基于深度学习的语音合成方法，如 Tacotron 和 WaveNet。基于拼接的语音合成方法通过拼接预先录制的语音片段生成语音。基于参数的语音合成方法则依赖于声音产生的物理模型。基于深度学习的语音合成方法则通过学习语音和文本之间的复杂映射关系，实现从文本到语音的直接生成。无论采用哪种方法，都需要将大量的语音数据作为训练样本，以确保生成的语音在口音、语调、语速、情感等方面与人类语音相似。

2. 语音转写

语音转写的目标是将语音信号转化为对应的文本，它在让机器理解和处理语音信息方面扮演了至关重要的角色。在此过程中，挑战丛生，噪声干扰、语音速度过快或过慢、有口音等各种问题都需要得到妥善处理。随着深度学习的快速发展，端到端的语音转写模型如 CTC、LAS 等出现，它们能够解决这些问题，能够直接从原始语音信号中提取特征，然后将这些特征转化为文本，而无须手动定义复杂的特征和规则。

3. 语音情感分析

语音情感分析是语音数据后处理的又一重要任务，它旨在从语音中提取出有效的情感信息，以满足自然语言处理、人机交互等领域的需求。与传统的语义分析不同，语音情感分析需要同时处理语音的语义信息和非语义信息，包括但不限于语调、音量、语速等。在实际应用中，语音情感分析可以广泛应用于客户服务、心理健康状态分析、人机交互等场景，帮助人们更好地理解和应对用户的需求和情绪。深度学习在这方面也表现出强大的潜力，如卷积神经网络（CNN）可用于语音情感特征的提取。

三、多模态数据处理

多模态数据处理是当前人工智能领域的一个重要研究方向，涉及图像、音频、视频等多种类型的数据处理和分析。这一过程通常包括图像预处理、

同步、切分、特征提取等关键步骤。其目标是从各种模态的数据中提取有价值的信息，以便于后续的数据分析、理解和应用。随着深度学习等先进技术的引入，多模态数据处理的效果得到了显著提升。

（一）图像预处理和特征提取

在多模态数据处理中，图像预处理和特征提取是关键步骤，它们在计算机视觉、人工智能和机器学习等领域中都有广泛应用。以下是图像预处理和特征提取的具体内容。

1. 图像预处理

图像预处理是图像处理的第一步，主要目的是改进图像数据，以便于后续的处理和分析。灰度化是将彩色图像转换为灰度图像的过程。在灰度图像中，每个像素只有一个灰度值，其表示像素的亮度。灰度化可以简化图像数据，减少计算量，同时可以突出图像的亮度和暗度，对于某些特征提取方法，如 SIFT 和 HOG，是必要的步骤。归一化是将像素值调整到一定范围（0–1）的过程。归一化可以消除图像之间由于照明、曝光等因素导致的差异，使得特征提取更加稳定。此外，归一化还可以加快学习算法的收敛速度，提高模型的性能。

2. 特征提取

特征提取是从预处理的图像中提取有用信息的过程，这些信息通常以特征向量的形式表示。SIFT 是一种尺度不变的特征提取方法，它可以在图像的不同尺度（大小、角度、亮度）下提取稳定的特征，适用于目标识别、图像配准等任务。SIFT 特征是通过检测和描述图像的关键点（角点、边缘点）来获取的。HOG 是一种用于物体检测的特征提取方法，它通过计算图像中局部区域的梯度直方图来描述图像的特征。HOG 特征对于图像的局部几何形状和外观有很好的描述能力，常用于行人检测、面部识别等任务。CNN 是一种深度学习模型，它可以自动从图像中学习和提取层次化的特征。CNN 中的卷积层可以捕捉图像的局部信息，池化层可以降低特征的空间维度，全连接层可以进行高层次的特征学习。与 SIFT 和 HOG 等不同，CNN 能够自动学习数据的内在规律和复杂模式，因此在很多任务中，如图像分类、目标检测、语义分割等，CNN 都能达到非常好的效果。

在多模态数据处理中，人们可根据具体的任务和数据，选择合适的图像预处理方法和特征提取算法。通过有效的图像预处理和特征提取，人们可以从大量的图像数据中提取出有价值的信息，以便于后续的分析、理解和应用。

（二）音频、视频数据处理

音频、视频数据处理是多模态数据处理的另一重要组成部分，涉及音频和视频数据的同步、切分以及特征提取等多个环节。

1. 音频、视频的同步和切分

在多模态数据处理中，音频和视频数据的同步是极其重要的步骤。这是因为音频和视频数据往往同时记录并传达信息，如果没有同步，可能会导致信息混淆或丢失。音频、视频同步的方法有很多，如基于时间戳的同步、基于内容的同步等。音视频切分是将长时音视频数据切分成短时片段的过程，这对于后续的特征提取和分析是必要的。切分的方法通常取决于任务的需求。例如，如果人们希望从讲话者的言语和面部表情中获取情绪信息，那么需要将关于讲话者的音频、视频数据切分成一个个言语片段。

2. 音频、视频特征提取

音频特征提取的目的是从音频数据中提取有用的信息，如音高、音量、语调、语速等。常用的音频特征提取方法有梅尔频率倒谱系数（MFCC）、倒谱提升滤波器（CMVN）、谱子空间特征（SSF）等。视频特征提取的目的是从视频数据中提取有用的信息，如颜色、纹理、运动等。常用的视频特征提取方法有光流法、时空特征（spatial-temporal features）、深度学习方法（CNN、RNN）等。音频、视频数据处理是多模态数据处理的重要部分，通过有效的音视频同步、切分和特征提取，人们可以从复杂的音频、视频数据中提取出有价值的信息，以便于后续的分析、理解和应用。

第三节　元数据与资源描述框架

一、元数据的概念与标准

（一）元数据的定义与重要性

元数据是一种描述数据的数据。这种“数据的数据”涵盖了各种内容，包括但不限于数据的来源、创建者、创建日期、数据类型和大小等。这种描述信息对于数据的组织、管理和使用至关重要，尤其是在信息爆炸的时代。

在语言资源领域，元数据更是扮演着关键角色。元数据提供了对语料库或其他语言资源的详尽描述，包括其来源、作者、使用的语言、内容类型、创建时间等。这些信息可以使用户更好地了解所使用的数据资源，从而做出更准确的判断，提高工作效率。例如，研究者可以通过查看元数据，快速了解语料库的基本情况，包括其包含的语言类型、文本类型、作者信息、文本长度等，这样在初步筛选适合研究的语料库时，就可以避免花费大量时间去阅读每个语料库的具体内容。同时，语料库的使用者可以通过元数据，快速获取语料库的使用条件、许可证信息等，从而判断是否可以在特定的研究或应用中使用这个语料库。此外，元数据在数据的分享、检索和再利用中也发挥着重要作用。元数据提供了一种标准化的描述方式，使得数据可以在不同的系统和应用之间被共享和传输。用户可以通过搜索元数据，快速地找到他们需要的数据，而不需要逐一查看每个数据。当数据需要被再利用时，元数据可以提供关于数据的详细背景信息，帮助用户理解和解析数据，从而使数据的再利用更加有效和准确。

（二）主要元数据标准

元数据的管理和处理通常需要遵循一些既定的标准，以确保元数据的一致性和互操作性。在众多的元数据标准中，Dublin Core 和 LOM（learning object metadata）是较为常用和广泛被人们接受的。

1.Dublin Core 元数据标准

Dublin Core 元数据标准，简称 DC，是一个国际通用的、多学科的元数据标准。它的命名源于 1995 年首次提出这一标准的地方——美国俄亥俄州的都柏林。Dublin Core 元数据标准包括 15 个基本的元素：标题、作者、主题、描述、发布者、其他贡献者、日期、资源类型、格式、标示符、来源、语言、关系、覆盖范围、版权。这些基本元素构成了一个简单且通用的框架，用于描述各种类型的信息资源，包括数字资源（网页、数字图像、音频和视频文件等）和非数字资源（书籍、照片、实物等）。Dublin Core 的主要目标是通过提供一种最小化且通用的元数据元素集合，来促进各种资源的发现和检索。

2. LOM 元数据标准

LOM 元数据标准是专门为教育学习资源设计的一种元数据标准。LOM 元数据标准提供了一种全面的框架，用于描述各种类型的学习内容，如课程、教学模块等。LOM 元数据标准包括 9 个大类 60 多个元素，可以提供学习资源的详尽描述，如资源的通用信息、生命周期、元数据、教育相关信息、注释、分类等。其中，教育相关信息主要描述课程的教育目标、适应的学习者群体、使用的教育理论等，这些信息对于教育资源的使用者来说非常有价值。LOM 元数据标准主要用在教育领域，特别是在线教育领域。

这两种元数据标准在各自的应用领域都起到了重要的作用。它们不仅提供了一种有效的方式来组织和管理元数据，而且通过标准化的描述，使得数据可以在不同的系统和平台之间进行交换和共享，从而大大提高了数据的使用效率和价值。

二、资源描述框架

资源描述框架（resource description framework, RDF）是万维网联盟（W3C）

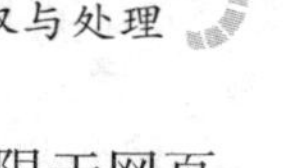

推出的资源描述标准。其主要目的是描述网络上的资源，包括但不限于网页、文档、图像、音频、视频等。RDF 被广泛用于表达语义网的信息，并在数据交换等众多领域发挥作用。

（一）RDF 的基本概念与结构

资源描述框架是一种用于描述网络资源的通用性框架语言。在 RDF 中，每个资源都有一个 URI（统一资源标识符），这使得 RDF 能够表达复杂的关系和层次结构。

RDF 的核心是以主 – 谓 – 宾（subject-predicate-object）的形式来描述信息，这种形式被称为“三元组”。在一个 RDF 三元组中，“主语”代表资源，“谓语”代表资源的属性，“宾语”代表属性的值。例如，“北京（主语）是（谓语）中国的首都（宾语）”。

RDF 的基本单位是三元组，而多个三元组连接起来可以构成一个更复杂的数据结构——RDF 图。在 RDF 图中，每个节点表示一个资源或者一个属性值，每条边表示一个属性，边的方向表示属性的方向。例如，“北京是中国的首都，中国位于亚洲”可以表示为含有两个三元组的 RDF 图，节点包括“北京”“中国”“首都”“亚洲”，这包括“是”“位于”。RDF 为描述复杂的资源关系提供了一种灵活的方式，可以用来表达任意的资源关系和层次结构。同时，RDF 的标准化使得它具有良好的互操作性，可以在不同的系统和平台之间进行数据交换。

（二）RDF 在语言资源描述中的应用

1. RDF 的使用途径

RDF 的灵活性和可扩展性使其在语言资源的描述中得到广泛应用。例如，当人们描述语料库时，就可以创建一个 RDF 三元组，主语是语料库的 URI，谓语是作者，宾语是作者的名字。同样，人们可以使用 RDF 来描述语料库的其他属性，如创建日期、语言、大小等。此外，我们还可以通过 RDF 三元组，将语料库与其他资源（作者的信息、相关的研究项目等）关联起来。

RDF 的另一个重要应用是构建语义网和知识图谱。在语义网和知识图谱中，信息被表示为互联的 RDF 三元组，每个三元组都是一个事实或者关系。通过查询和推理，人们可以从这些三元组中提取有用的信息和知识。

2. RDF 在不同类型语言资源中的应用实例

在具体的语言资源中，RDF 可以用于描述各种类型的信息。以下是一些应用实例。在一个多语言语料库中，RDF 可以用于描述每个语料的语言、作者、日期等元数据，同时，通过 RDF 三元组，人们可以将每个语料与其对应的翻译、注释、参考文献等资源关联起来。在一个语音数据库中，RDF 可以用于描述每个语音片段的说话者、录制日期、语音特性等元数据，同时，通过 RDF 三元组，人们可以将每个语音片段与其对应的文字转录、声学分析、情感标签等资源关联起来。在一个词汇数据库中，RDF 可以用于描述每个词条的词义、词性、用法等元数据，同时，通过 RDF 三元组，人们可以将每个词条与其相关的同义词、反义词、派生词等资源关联起来。通过 RDF 三元组，人们可以将分散在不同地方的语言资源连接起来，构建一个互联的、可查询的语言资源网络，这将提高语言资源的可用性和价值。

第四章　数字化时代语言资源建设与使用的主要原则

在第三章中，笔者深入探讨了数字化时代语言资源的获取与处理，这些理论和技术为语言资源的建设和使用提供了必要的基础。进一步地，本章主要阐述数字化时代语言资源建设与使用的主要原则，包括静态与动态相结合，以动态为主；人工与自动相结合，各取所长；建设与使用相结合，需求领先等。人们使用这些原则，可以建设出高质量、可持续发展的语言资源。

第一节　静态与动态相结合，以动态为主

在数字化时代，语言资源的建设往往需要将静态资源和动态资源相结合，但要以动态资源为主。静态资源和动态资源各有其价值和限制，理解它们的特点和差异是实现有效结合的关键。

一、动态资源

在数字化时代，动态资源已经成为语言研究和应用的重要组成部分。相较于传统的静态资源，动态资源如网络文本、社交媒体数据、实时语音和视频等，以其庞大的规模、高频的更新、丰富的内容以及较高的时效性，为人们提供了全新的研究视角和丰富的应用场景。本部分将详细阐述动态资源的定义及特点，深入分析其在语言学研究和应用中的优势，以及概括其实际应用和产生的影响，以期更好地了解动态资源。

（一）动态资源的定义及特点

动态资源，顾名思义，是指不断更新、变化的资源。在语言学研究领域，动态资源主要包括网络文本、社交媒体数据、实时语音和视频等。动态资源的主要特点是规模大、更新频率高、内容丰富、时效性强。它们能够以前所未有的规模和速度，反映语言的实时使用情况和最新变化，提供丰富的语言信息。

规模大是动态资源最显著的特点。网络信息的爆炸性增长，使得人们可以获取丰富的语言数据。这些数据的规模远超过传统的静态资源，为语言研究提供了更广阔的视角。动态资源的更新频率高，能够实时反映语言的使用情况和最新变化。这使得人们能够及时了解最新的语言现象，如新词新义的产生、语言变化的趋势等。动态资源内容丰富多样，覆盖了各种类型和领域的语言表达。这使人们能够从多维度研究语言现象，提升研究的深度和广度。动态资源具有较高的时效性。网络信息的传播速度较快，使得人们能够及时捕捉到最新的社会事件和公众观点，了解其对语言使用的影响。动态资源以其特性为语言学研究和应用提供了新的可能。

（二）动态资源的优势分析

动态资源相比静态资源具有显著优势：首先，动态资源的规模和更新频率能够满足大数据和实时数据的需求，对于追踪语言的变化和发展、研究语言的实际使用情况具有重要价值；其次，动态资源的内容丰富，具有多样性，这让其能够提供更全面、更深入的语言信息，对于理解和分析语言现象、挖掘和利用语言知识具有重要作用；最后，动态资源具有实时性和互动性，这让其能够提供更真实、更生动的语言环境，对于语言教育和语言研究具有重要意义。

（三）动态资源的实际应用和影响

动态资源在语言学研究和语言技术开发中的应用正在不断扩大。例如，在语料库构建中，动态资源可以提供大规模、高质量的原始数据；在语言模型训练中，动态资源可以提供实时、多样的训练数据；在情感分析和观点挖掘中，动态资源可以提供丰富、真实的样本数据；在机器翻译和语音识别中，动态资源可以提供更新、多样的测试数据。

动态资源的使用也对语言学研究和语言技术开发产生了深远影响。一方面，它改变了语言资源的获取方式和使用方式，推动了语料库的大规模化和实时化，促进了语言模型的深度化和精细化，提高了语言服务的实效性和个性化。另一方面，它提出了新的研究问题和技术挑战，如如何有效获取和处理动态资源，如何保证动态资源的质量和可靠性，如何合理使用和保护动态资源等。动态资源在教育领域也有着广泛的应用。例如，教师可以将实时新闻或社交媒体上的热门话题作为教学材料，使教学内容更具时效性和吸引力。学生可以通过观察和分析网络文本或社交媒体数据，了解语言的实际使用情况和最新变化，提高语言学习的兴趣和效果。此外，语言研究者也可以

利用动态资源进行实证研究，如研究网络语言的特点和规律、研究社交媒体上的公共舆论和群体行为等。

二、静态资源

在探讨语言资源的构建与使用时，静态资源是一个不可忽视的部分。虽然在数字化的今天，动态资源显得更为活跃和丰富，但是静态资源依然在许多领域中发挥着重要的作用。在这一部分，笔者将深入探讨静态资源的定义、特点，分析其在语言学研究和应用中的，同时指出静态资源的限制。

（一）静态资源的定义及特点

静态资源，顾名思义，指的是相对固定不变的资源。在语言学研究领域，静态资源主要包括书籍、学术论文、研究报告、语料库等。这些资源一经创建和发布，其内容就相对固定，不会像动态资源那样随着时间和情境的变化而变化。

静态资源有其独有的特点：首先，稳定性是静态资源最大的特点。由于内容固定，静态资源可以作为长期和持久的参考，是进行深入研究和长期规划的重要基础。其次，静态资源通常是系统性的，它们往往经过精心设计和组织，能够提供全面、连贯、深入的语言信息，对于理解和学习语言非常有帮助。最后，详尽性也是静态资源的重要特点，尤其是在传统的书籍和研究报告中，作者通常会全面和详细地介绍和讨论一个主题，这对于获取深入和详细的知识非常有用。

（二）静态资源的作用分析

静态资源在语言学研究和应用中有着重要的作用：首先，静态资源的稳定性和系统性使其成为理论研究的重要基础。语言学者可以借助静态资源进行详尽的语言现象研究，进一步深化对语言本质的理解，发展新的理论和方法。例如，静态语料库在词汇学、语法学、语用学等领域中都有深入应用。同时，静态资源的稳定性使得知识的传承成为可能，为知识的积累和发展提供了保障。其次，静态资源的详尽性使其在语言教育和培训中扮演着重要角色。从教科书到辅导书，静态资源为学习者提供了丰富的语言知识和技能，帮助他们理解语言的结构和功能，掌握语言的使用方法。此外，静态资源如词典、语法手册等还可以作为参考工具，支持学习者的自主学习和实践。最后，静态资源在提供语言服务如翻译、校对、审查等方面具有重要价值。由于静态资源具有可靠性和详尽性，因而语言服务人员可以利用这些资源获取准确的语言信息，提高服务的质量和效率。例如，翻译人员可以通过查阅词典或参考语料库来获取准确的词义和用法，提高翻译的准确性。

（三）静态资源的限制

静态资源往往受到空间和时间限制，因而其规模和更新频率难以与动态资源相比。例如，静态语料库的构建需要大量的时间和人力，因此它们的更新周期通常较长，难以捕捉到语言的实时变化和新现象。静态资源的内容和形式往往受到传统观念和方法的限制，难以全面反映语言的多样性和动态性。例如，传统的词典和语法书无法覆盖所有的词汇和语法现象，也无法及时反映语言的新变化和新用法。静态资源的获取和使用通常受到空间和设备的限制。例如，用户在特定时间，采用特定设备，才能获取纸质书籍或者访问非在线的语料库。

三、动态和静态资源的结合策略

在语言资源的管理和使用中，动态资源和静态资源各自具有独特的优势和作用。动态资源如社交媒体数据，以其实时性和多样性，为语言研究和应用提供了丰富的素材；静态资源如词典、语料库，以其稳定性和系统性，为语言研究和应用提供了重要的基础。然而，单独使用动态资源或静态资源会存在一定的局限性，如动态资源的准确性问题、静态资源的更新问题等。结合动态资源和静态资源，实现两者的优势互补，是提高语言资源利用效率和效果的重要策略。本部分具体阐述动态和静态资源的结合策略，包括其重要性、实现方法和实际效果。

（一）结合策略的重要性

在语言学研究和应用中，动态资源和静态资源各有其优点和不足，因此需要一种有效的结合策略，以实现资源的全面利用。结合策略的优势如下：首先，结合策略可以将动态资源的优点和静态资源的优点结合起来，进而满足更广泛和复杂的需求，如大数据分析、实时监测、深度研究等；其次，结合策略可以让人们避免动态资源和静态资源的不足，进而提高资源的质量和效率；最后，结合策略可以让人们在不断变化和发展的环境中，适应和把握语言的变化和发展，进而实现语言资源的持续更新和优化。

（二）结合策略的实现方法

实现动态资源和静态资源的有效结合是一项复杂的任务，需要采取一系列精心策划的策略。其具体内容如下：

首先，人们可以利用数字化和云计算技术将静态资源转化为数字资源，实现资源的在线获取和实时更新。例如，将纸质书籍和语料库扫描为电子文件并上传到云服务器。在此过程中，不仅要对所有可获取的资源进行数字化，还要提供多种格式的电子文件，以满足不同设备的需求，并采取数据备份和安全策略来确保数据的持久性和安全性。

其次，通过人工智能和大数据技术，可以实现资源的自动分析和个性化推荐。这里可能涉及自动对语言资源进行分析和标注，以及基于用户的历史数据和兴趣生成个性化的资源推荐。

最后，人们需要采取统一的数据和元数据标准来确保不同平台和机构之间的兼容性，并通过正式的协议和合同来明确各方的责任、权益。

总体而言，实现动态资源和静态资源的有效结合需要综合考虑多个方面，形成一个系统的解决方案。这是一个不断演变的过程，需要随着技术的发展和用户需求的变化不断进行调整和优化。

（三）结合策略的实际效果

动态和静态资源的结合策略在多个领域和项目中取得了显著的效果。例如，在语言教育中，教师和学生可以通过在线词典和语料库，获得最新的语言知识和实例，进行实时的交流和讨论。在语言服务中，公司和机构可以通过自动翻译和语音识别，提供高效的语言服务，满足客户的即时和个性化需求。在语言研究中，学者和研究者可以通过大数据分析和机器学习，发现新的语言规律和现象，提出新的理论和模型。更具体地说，在语言学研究中，静态资源如词典和语法书可以为研究者提供坚实的基础，而动态资源如社交媒体数据可以让研究者更好地了解语言的实际使用情况和最新变化。在语言教育中，静态资源如教科书可以为教师和学生提供系统的教学内容，而动态资源可以为他们提供实时的交流和互动平台。在语言服务中，静态资源如模板和样本可以为服务提供者提供稳定的参考和支持，而动态资源如客户反馈和市场动态可以为他们提供及时的信息和指导。

第二节　人工与自动相结合，各取所长

在数字化时代，语言资源的建设和使用通常需要将人工处理和自动处理相结合，并且要各取所长。人工处理和自动处理各有其优点和缺点，理解它们的特点和差异是实现有效结合的关键。

一、人工处理

在数字化时代，语言资源的构建和使用在很大程度上依赖人工处理和自动处理的相互作用。人工处理虽然可以确保数据的准确性和质量，但也存在效率不高、规模不大和成本较高的问题。本部分主要阐述人工处理的定义和特点、优势、挑战和解决方案。

（一）人工处理的定义和特点

人工处理是指由人类直接参与和执行的数据处理过程，它在语言资源的建设和使用中扮演着关键的角色。这一过程涵盖多种任务，如数据录入、数据标注、数据清洗和数据审核等。数据录入通常涉及从多种来源（书籍、网

页、社交媒体等）收集语言数据；数据标注则需要根据特定的规则和标准为语言数据添加相关的标签或注释，如词性标注、情感标注、语义角色标注等；数据清洗则是对收集到的原始数据进行预处理，如去除噪声、纠正错误、统一格式等；数据审核则是对处理后的数据进行检查和评估，以确保数据的质量和准确性。

人工处理具有高度的精确性和一定的理解能力。由于人类具有一定的语言能力和丰富的生活经验，因而人工处理能够理解和处理语言中的细微差别和复杂现象。例如，对于歧义现象，人工处理可以根据上下文信息和常识知识进行正确的解析；对于引申和隐喻现象，人工处理可以根据语境和文化背景进行恰当的解读；对于情感和态度现象，人工处理可以根据表达方式和语调变化进行准确的识别。此外，人工处理还能够考虑和处理上下文信息，如作者的意图和态度、读者的反应和评价、文化和社会的背景和影响等，这些都是自动处理难以达到的。

（二）人工处理的优势分析

人工处理的主要优势是高准确性和高质量。人工处理可以理解语言的微妙差异和复杂性。例如，对于有歧义的词或短语，人工处理可以根据上下文确定其准确的含义；对于引申或比喻的表达，人工处理可以根据文化背景和语境来理解。这种高准确性的理解能力，是目前自动处理技术难以比拟的。人工处理能够保证数据的高质量。在数据清洗和数据标注过程中，人工处理能够识别并纠正数据中的错误，如拼写错误、语法错误等。在数据审核过程中，人工处理能够评估数据并确保数据的准确性和一致性。人工处理能够进行创新和优化。例如，人工处理可以设计新的标注方案，以更好地捕捉和表达语言的特点和规律；人工处理也可以提出新的解释和理论，以深化对语言的理解和认识；人工处理还可以发现新的规律和现象，以推动语言学的研究和发展。人工处理具有很高的灵活性和适应性。它可以根据任务的需求和数据的特性，调整处理的方法和策略。例如，对于不同的语言，人工处理可以采取不同的标注方案。对于新出现的语言现象或问题，人工处理可以快速了解。

（三）人工处理的挑战和解决方案

1. 人工处理的挑战

（1）受到效率和规模的限制。人工处理受到效率和规模的限制。如果处理大规模数据，可能难以在短时间内完成。

（2）对人的健康产生负面影响。人工处理需要花费大量的时间和精力，长期从事可能会对人的健康产生负面影响。

（3）成本较高。人工处理需要专业的训练和丰富的经验，以及大量的人力、物力和财力投入。对于需要专业知识和技能的任务，成本可能更高。

（4）存在主观性和不一致的问题。人工处理的结果可能存在主观性，因为人的理解和判断可能受到个人的知识、经验、情绪和偏见的影响。同时，可能存在不一致的问题，因为人的理解和判断可能存在个体差异。

2. 解决方案

（1）通过技术手段提高效率。例如，使用自动化工具辅助数据录入、数据标注，使用云计算和分布式计算来并行处理大规模的数据。

（2）通过培训和指导降低成本。例如，提供标注指南、操作手册等，以帮助人快速掌握知识和技能；进行质量审核、反馈评估等，以提高工作的质量和效率。

（3）通过规范和协作提高一致性。例如，制定标注规范、审核标准等，以减少人的主观差异和个体差异；进行团队协作、集体决策等，以提高人的协调性。

二、自动处理

在语言资源的处理和应用中，自动处理作为一种与人工处理相辅相成的方法，值得人们深入探讨。自动处理通过计算机和算法，实现了对大规模语言数据的高效处理。同时，自动处理面临着一些挑战。此处将深入探讨自动处理的定义、特点、优势，以及面临的挑战和可能的解决方案。

（一）自动处理的定义和特点

自动处理，顾名思义，是指通过计算机和算法进行的处理。在语言学领域，这通常涉及文本挖掘、情感分析、自然语言处理等。自动处理的主要特点是高效、大规模和可复制。借助计算机的运算能力，自动处理可以在短时间内处理大规模的数据，生成准确的结果，并且这个过程可以随时复制和再现。

自动处理能够在短时间内处理大量数据，这是因为计算机程序可以并行执行多个任务，而且不需要休息，可以连续不断地工作。借助计算机的运算能力，自动处理可以处理大规模的数据，这对于语言学研究和应用，特别是大数据时代的语言学研究和应用，具有重要意义。自动处理的过程和结果是可以复制和再现的。只要有相同的程序和数据，就可以得到相同的结果。这对于科学研究和技术开发，特别是需要重复实验和验证结果的情况，具有重要意义。虽然自动处理可能无法完全理解和处理复杂的语言现象，但在某些特定任务中，如信息检索、文本分类、情感分析等，自动处理可以达到很高的精准度。自动处理的规则和逻辑可以通过编程来设定和修改，这使得自动处理具有很高的灵活性和可定制性。

（二）自动处理的优势分析

自动处理的最大优势在于其处理速度迅速，能够在有限时间内处理和分析海量数据，这在人工处理中是难以实现的。其具体内容如下：

1. 处理速度快

自动处理能够快速处理和分析海量数据，如数百万或数十亿规模的数据。与人工处理相比，自动处理适用于大规模数据集，特别是在大数据背景下。

2. 成本较低

自动处理的成本较低。一旦开发了合适的程序和算法，就可以对大量数据进行处理，无须额外投入大量人力和物力。

3. 具有一致性和可复制性

自动处理的结果具有高度一致性，不受个体差异的影响。此外，其过程和结果是可复制的，可以确保在相同条件下得到相同结果。

4. 能够自我改进

自动处理能够通过机器学习和深度学习等技术不断更新和改进，适应新的数据和任务，提高处理精度和效率。

（三）自动处理的挑战和解决方案

1. 挑战

（1）理解和处理能力不佳。自动处理可能无法理解和处理复杂的语言现象，如有歧义、引申义的现象等，无法充分考虑上下文信息，如作者意图、读者反应、文化背景等。

（2）准确性和可靠性不高。自动处理可能存在错误和偏差，对结果的准确性和可靠性造成影响。

（3）需要资源和技术支持。自动处理可能需要大量计算资源和专门技术支持，可能存在可行性和可用性的问题。

2. 解决方案

（1）提高理解和处理能力。通过研究和开发更先进的算法和模型，如深度学习、机器学习、自然语言处理等，提高自动处理的理解和处理能力。

（2）提高数据质量和算法准确性。通过数据清洗、数据标注、数据审核等提高数据质量；通过算法优化、模型调整、结果验证等提高算法的准确性和可靠性。

（3）增强计算资源和技术可用性。通过硬件升级、软件优化等提高计算资源的质量和可用性；通过技术培训、用户指导、问题解答等提高技术的可行性和可用性。

这些挑战和解决方案共同展示了自动处理的复杂性，指向了未来研究和

应用的方向。通过不断探索和改进，自动处理将为语言资源的获取和处理提供更强大的支持。

三、人工和自动处理的结合策略

在数字化时代的语言资源建设和应用中，人工处理和自动处理都扮演着重要的角色。然而，各自单独应用存在一定的局限性。为了充分发挥这两者的优势，提高语言资源的质量，要采用人工和自动处理的结合策略。以下将重点探讨人工和自动处理的结合策略，并对其重要性、实现方法以及实际效果进行详细的论述。通过深入研究和实践，人们可以更好地理解和应用这一策略，为语言资源的建设和应用带来新的突破和发展。

（一）结合策略的重要性

在语言资源的建设与使用中，人工处理和自动处理都具有各自的优势和局限性。因此，人工和自动处理的结合策略变得至关重要。结合策略可以充分发挥两者的优势，弥补各自的不足，提高语言资源的质量。通过合理的结合策略，可以实现更全面、准确和高效的语言资源处理和应用，完成不同领域的语言处理任务。

（二）结合策略的实现方法

要想使处理过程更高效，可以结合人工和自动处理的优势，采用交互式的处理方式。具体而言，先通过自动处理方法对数据进行初步处理，然后将结果呈现给人工处理者，让其根据需要进行调整、修正或补充。这样的交互过程可以提高处理的准确性和效率。在自动处理的过程中，可以让人工处理者来进行模型的训练和优化。人工处理者可以提供标注数据、规则和反馈，以改进自动处理方法。最后，通过自动处理方法对结果进行后处理，提高处理的准确性。

（三）结合策略的实际效果

人工和自动处理的结合策略可以带来显著的效果：首先，结合策略可以提高处理的准确性和质量。人工处理的高准确性和深度理解能力可以弥补自动处理的不足，提供更精确和可靠的结果。其次，结合策略可以提高处理的效率和速度。自动处理的高效性和大规模处理能力可以加快处理过程，减轻人工处理的负担，提高处理的效率。最后，结合策略可以促进资源的持续发展和更新。人工处理可以通过标注、修正和优化，不断改进自动处理的模型和算法，提供更准确和全面的数据基础，从而为自动处理提供更可靠的支持。

在实际应用中，人工和自动处理的结合策略已经取得了一定的成效。在信息检索和文本分类领域，结合人工标注和自动学习，可以提高检索的准确性和结果的相关性。在机器翻译和自然语言生成领域，结合人工校对和自动译文生成，可以提高翻译的流畅性和自然度。在情感分析和舆情监测领域，结合人工标注和自动分类算法，可以提高对情感和舆情的敏感度。

此外，人工和自动处理的结合策略还可以应用于语言资源的构建和更新。人工处理可以通过数据录入、数据标注和数据校对，为自动处理提供准确和可靠的训练数据，从而提升自动处理的效果。同时，自动处理可以为人工处理提供辅助工具和预处理结果，加快人工处理速度和减少人工工作量。

第三节 建设与使用相结合，需求领先

在数字化时代，语言资源的建设和使用应该紧密结合，此过程中应该以需求为先。这意味着相关人员应该根据用户的需求和反馈来规划和优化语言资源，相关人员也应该根据语言资源的特性来引导和满足用户的需求。本节将详细阐述语言资源建设与使用的需求分析以及建设和使用需求的协调策略。

一、语言资源建设的需求分析

语言资源建设的需求分析是数字化时代语言资源建设过程中至关重要的一环。通过深入了解用户需求和反馈，相关人员能够更准确地把握语言资源建设的方向和重点，确保资源的实用性和适应性。进行需求分析不仅有助于提高语言资源的质量，还能够促进资源的更新。以下将详细阐述语言资源建设的需求分析，包括需求分析的重要性、需求分析的方法以及需求分析的结果。通过深入研究和分析用户需求，相关人员能够更好地指导和推动语言资源的建设和应用，满足用户的实际需求。

（一）需求分析的重要性

需求分析在语言资源建设中具有重要性，它能够为资源建设提供指导和规划，确保资源的实用性和适应性。以下是对需求分析重要性的详细阐述。

需求分析能够帮助相关人员了解用户的需求。用户需求是语言资源建设的关键驱动力。通过深入研究用户群体、用户行为和用户反馈，相关人员能够了解用户对语言资源的期望、需求。这有助于相关人员把握用户的关注点和痛点，为资源建设提供有针对性的指导和规划。例如，如果用户需要更多的专业领域的语言资源，相关人员可以重点开发和整理相关领域的术语、文献和语料库，以满足用户的实际需求。

需求分析能够确定需求的优先级和关键特点。在资源建设中，相关人员面临着无法一次性满足所有需求的问题。因此，需求分析的重要任务是确定需求的优先级和关键特点，以确保资源建设的有效性和效率。通过评估用户需求的紧迫程度、广泛程度和重要程度，可以确定哪些需求应该优先满足，哪些需求可以在后续阶段进行考虑。这样，相关人员就能够合理分配资源，确保资源的最大化利用。

需求分析有助于发现和解决用户在语言资源使用中的问题和困难。通过收集用户的反馈和意见，可以了解用户在使用语言资源时遇到的困难、瓶颈和挑战。这使相关人员能够针对性地改进和优化资源，提供更好的使用体验。例如，如果用户反馈资源的搜索功能不够高效，相关人员可以改进搜索算法和界面设计，提供更智能和便捷的搜索体验。通过解决用户问题，可以提高资源的适用性和用户满意度，增强用户对资源的信任和使用意愿。

需要注意的是，需求分析是一个动态的过程。用户的需求随着时间和环境的变化而不断演变。因此，需求分析需要定期进行，以及时了解用户的新需求和新问题。这可以通过定期调查、用户行为分析等方式来实现。通过与用户的密切合作和持续沟通，相关人员能够及时掌握用户的需求变化，为资源建设提供持续的指导和优化。

（二）需求分析的方法

需求分析是一项关键的任务，旨在深入了解用户的需求和期望。常用的需求分析方法有问卷调查、面对面访谈、小组讨论等，可根据实际情况选择合适的方法进行分析。

相关人员可通过问卷调查用户的意见、反馈和需求，这一步骤可以覆盖广泛的用户群体，并提供全面的数据。问卷中可以包括开放性问题和封闭性问题，以便用户提供详细的意见和具体的反馈。然后，通过分析调查结果，可以了解到用户对语言资源的满意度、需求优先级、改进建议等重要信息。与用户进行面对面的访谈可以深入了解他们的需求和使用体验。访谈时可以结合情景模拟或使用案例，以更具体的方式收集用户的需求和期望。小组讨论可以激发更多的观点和看法，帮助相关人员发现用户需求的共性和差异。在这一环节中，参与者可以互相启发，提出自己的想法和建议。需求分析不应是一次性的活动，而应该是一个持续的循环过程，应该不断与用户进行沟通。随着市场和技术的发展，用户需求也会随之改变。因此，需求分析应定期进行，使相关人员及时了解用户的需求。通过连贯和系统的分析过程，相关人员能够全面而深入地了解用户需求，为资源的持续改进和优化提供坚实的基础。

通过采用合适的需求分析方法，可以获得全面、深入的用户需求信息，为资源建设提供有针对性的指导和规划。需求分析的结果将为后续的资源设计、功能开发和更新提供依据。

（三）需求分析的结果

需求分析的结果可以为语言资源的建设和优化提供重要的依据。它可以帮助相关人员确定资源建设的重点和方向，选择合适的技术和工具，优化资源的结构和内容，提升资源的实用性和可用性。通过对需求分析结果的持续监测和更新，可以提高语言资源与用户需求的匹配度，并及时调整和改进资源。

需求分析的结果有许多优势，其具体内容如下：首先，需求分析的结果可以帮助相关人员确定资源建设的重点和方向。通过收集和整理用户的反馈和需求，相关人员能够了解到用户对不同资源的关注程度。这使得相关人员能够明确资源建设的重点，确保资源的开发和优化符合用户的实际需求。例如，如果用户调查显示用户对于口语训练资源的需求较高，那么相关人员可以将重点放在开发和完善口语训练的相关内容上，以提供更贴近用户需求的资源。其次，需求分析的结果可以指导相关人员选择合适的技术和工具。不同的语言资源需要不同的技术和工具来开发。通过分析用户的需求，相关人员可以确定需要使用的技术和工具。例如，如果用户对于语言资源的多语言支持有所需求，相关人员可以选择合适的机器翻译和语言处理技术来实现这一功能。最后，需求分析的结果还可以帮助相关人员优化资源的结构和内容。通过了解用户对于不同资源内容和组织方式的偏好，相关人员可以对资源的结构进行优化，提供更清晰、易用和可导航的界面。例如，如果用户对于特定领域的词汇量要求较高，相关人员可以增加相关领域的词汇和例句，以满足用户对于专业知识的需求。

此外，需求分析的结果需要进行持续的监测和更新。用户的需求是动态变化的，因此相关人员需要不断关注用户的反馈和需求，并及时对资源进行调整和改进。这可以通过定期的用户调查、用户行为分析等方式实现。通过与用户的持续互动，相关人员能够了解到用户对资源的评价、建议和新的需求，以便及时调整资源的开发和优化方向。

二、语言资源使用的需求分析

在数字化时代，语言资源使用的需求分析是保证资源有效利用和用户满意度的关键环节。通过深入了解用户的使用需求和行为，相关人员能够获得语言资源使用的关键信息，从而更好地满足用户的需求和提供优质的语言服务。需求分析的结果将为语言资源的优化和改进提供重要的指导和参考。因此，对语言资源使用的需求分析具有重要的意义和价值。本部分主要介绍使用需求的特点、使用需求的获取和分析以及使用需求对资源建设的影响。

（一）使用需求的特点

语言资源的使用需求是多样化和动态变化的。不同用户、不同场景和不同任务对语言资源的需求有所差异。因此，相关人员需要深入了解和分析使用需求的特点，以满足用户的个性化和多样化需求。

语言资源的使用环境是多种多样的，可以在学校的教室、图书馆，也可以在公司的会议室，还可以在家中。不同的使用环境对语言资源的需求有所不同。例如，在学校教室中，教师可能需要使用多媒体教学资源来提高教学质量，而在图书馆，读者可能需要各种书籍和期刊。因此，相关人员需要针对不同的使用环境，提供适合的语言资源。语言资源的使用目的也是多样化的。有些人使用语言资源是为了学习外语，有些人使用语言资源是为了进行科研，有些人使用语言资源是为了完成工作任务。因此，相关人员需要了解使用者的具体目的，以提供相应的语言资源。语言资源的使用方式主要包括阅读、听说、写作等。不同的使用方式对语言资源的需求也有所不同。例如，阅读需要大量的文本资源，听说需要音频和视频资源，写作需要各种写作工具和样例。因此，相关人员需要提供多种形式的语言资源，以满足不同使用方式的需求。使用频率是指用户对语言资源的使用次数。有些用户可能每天都需要使用语言资源，有些用户可能每周或每月使用一次。对于使用频率高的用户，相关人员需要提供稳定、可靠的语言资源服务；对于使用频率低的用户，相关人员需要提供便捷、高效的语言资源服务。

（二）使用需求的获取和分析

获取和分析使用需求是数字化时代语言资源建设的基础和前提。这一过程主要涉及对用户的使用行为、需求、习惯和偏好的深入理解和准确把握，为此相关人员需要采取一系列的方法和手段。

相关人员可以通过用户调查来获取使用需求。用户调查是一种直接、有效的需求获取方法，它可以通过问卷调查、访谈、观察等方式，收集用户的直接反馈和建议。通过用户调查，相关人员可以了解用户对语言资源的使用环境、使用目的、使用方式、使用频率等方面的需求，从而对用户的需求有一个全面、深入的了解。例如，相关人员可以通过问卷调查了解用户最常使用的语言资源类型、使用频率等信息，通过访谈了解用户在使用过程中遇到的问题和需求，通过观察了解用户的使用习惯和偏好。相关人员可以通过用户行为分析来获取使用需求。用户行为分析是一种间接、深度的需求获取方法，它主要通过分析用户的行为数据，如使用记录、点击率、下载量等，来推测用户的使用需求。用户行为数据可以反映用户的实际行为和潜在需求，是获取使用需求的重要数据源。例如，相关人员可以通过分析用户的使用记录，了解用户最常使用的语言资源、使用时间、使用频率等信息，通过分析点击率和下载量，了解语言资源的受欢迎程度。相关人员可以通过用户反馈平台来获取使用需求。用户反馈平台是一个需求获取平台，它主要通过搭建用户反馈平台，来收集用户的评价、意见和建议。用户反馈平台可以提供公开、透明、互动的环境，让用户直接表达自己的需求和期望，让相关人员能够及时了解和响应用户的需求。例如，相关人员可以通过用户反馈平台，收集用户对语言资源的满意度、改进意见等信息，以此作为优化语言资源的参考。获取使用需求之后，相关人员还需要对这些需求进行深入的分析和研究。这一过程需要相关人员综合考虑各种因素，如用户的特点、需求的紧急程度、资源的可行性等，以确定需求的优先级和处理策略。例如，相关人员可以通过分析用户的特点，了解用户的需求差异和共性；通过分析需求的紧急程度，确定需求的处理顺序；通过分析资源的可行性，确定需求的实现方式和步骤。

相关人员需要对用户的信息进行深入的分析。这包括用户的年龄、性别、学历、职业、语言水平等因素。这些因素可能会影响用户对语言资源的需求和使用。例如，初学者可能更需要基础的语法和词汇资源，而研究者可能更需要专业的文献和数据资源。通过对用户信息的深入分析，相关人员可以更好地理解用户的需求，并提供更符合用户需求的语言资源。相关人员需要对需求的紧急程度进行评估。这主要取决于需求的重要性和影响范围。例如，如果一个需求影响到大部分用户，那么这个需求的紧急程度就高。通过对需求紧急程度的评估，相关人员可以确定需求的处理顺序，优先处理那些紧急和重要的需求。相关人员需要对资源的可行性进行评估。这主要包括资源的获取难度、处理成本、技术难度等因素。如果一个需求的实现需要投入大量的时间、金钱和技术，那么这个需求的可行性就比较低。通过对资源可行性的评估，相关人员可以确定需求的实现方式和步骤，尽可能在有限的资源下，满足最多的需求。

（三）使用需求对资源建设的影响

使用需求对于语言资源的建设影响深远。它不仅指出了语言资源建设的方向，而且深刻影响着资源的优化和创新。其具体内容如下。

使用需求可以帮助相关人员发现和改进资源建设中的问题和不足。语言资源的建设是一个动态的过程，不可能一蹴而就。在实际使用中，用户可能会遇到各种问题和困难，如资源内容缺失、功能不全、界面不友好等。通过收集和分析使用需求，相关人员可以了解到这些问题和不足，从而有针对性地进行改进。例如，如果用户反映某一功能效果不佳，相关人员可以对该功能进行优化；如果大部分用户都对某一类型语言资源有所需求，相关人员可以优先对该类型资源进行补充和完善。使用需求可以帮助相关人员优化资源的界面设计、功能设置和搜索方式。一个好的界面设计应该是对用户友好的，容易理解和操作；功能设置应该是全面的，满足用户的各种需求；搜索方式应该是高效的，帮助用户快速找到所需的资源。通过分析使用需求，相关人员可以了解用户的操作习惯、功能需求和搜索需求，从而进行有针对性

的优化。例如，如果用户反映界面复杂难懂，相关人员可以进行界面的简化和优化；如果用户反映搜索效率低，相关人员可以改进搜索算法，提高搜索速度和准确率。使用需求可以促进资源建设的创新和发展。在数字化时代，用户的需求在不断变化，语言资源的建设也需要不断创新和发展，以适应这些变化。通过分析使用需求，相关人员可以发现新的需求和趋势，从而引入新的功能、内容和服务。例如，如果用户需求中出现了对人工智能和大数据的需求，相关人员可以考虑引入相关的技术和服务，提升资源的智能化和数据化水平。

三、建设和使用需求的协同策略

在数字化时代，语言资源建设与使用需求的协同成为一项重要的挑战。语言资源的建设者需要理解和满足用户的需求，用户的需求又反过来影响和推动语言资源的建设。两者之间的关系是动态的、互动的，需要通过有效的协同策略来实现和维持。

（一）协同策略的重要性

在语言资源建设和使用的过程中，协同策略不仅是一种理论框架，更是一种建设和使用策略。它强调资源建设者和使用者之间的紧密合作和互动，以确保资源的高效使用和持续发展。以下是对协同策略重要性的详细论述。

协同策略能够确保语言资源的实际应用价值。在数字化时代，语言资源的价值主要体现在其实际应用中，即用户能否通过使用语言资源解决实际问题，满足实际需求。协同策略通过将使用需求纳入资源建设的过程，使得资源的设计和内容更加符合用户的需求和习惯，从而提高资源的实际应用价值。协同策略能够提高语言资源的可用性和可持续性。协同策略强调资源建设和使用的持续性和动态性，通过持续的需求收集和反馈处理，促进资源改进和更新，以适应用户需求和应用场景的变化。同时，协同策略使得资源建设者能够及时获取用户的反馈和建议，及时发现和修正问题，从而提高资源的可用性。协同策略能够促进资源建设者和使用者之间的沟通和合作。在协同策略下，资源建设者和使用者不再是分离的两个角色，而是形成一个协同的工作体，共同参与到资源建设和使用的过程中。资源建设者可以了解用户的需求和反馈，从而更好地满足用户的需求；用户也可以参与到资源建设的过程中，对资源的设计和内容提出自己的建议。这种沟通和合作可以促进资源的优化和创新，提高用户满意度。

（二）协同策略的实施方法

实施协同策略是语言资源建设和使用的重要工作。协同策略的实施不仅可以提高语言资源的质量和适用性，也可以增强资源建设者和使用者之间的互动和合作。

资源建设者需要积极倾听用户的需求和反馈。这是因为用户的需求和反馈是语言资源优化和改进的重要参考。资源建设者可以通过设立用户反馈平台、开展用户调查等方式，收集和整理用户的需求和反馈。同时，资源建设者需要主动和用户进行沟通，了解用户的使用经验和期望，以便更准确地把握用户需求。此外，资源建设者还应建立有效的反馈机制，定期向用户反馈资源的改进情况和计划，以增强用户的参与感和满意度。资源建设者应定期组织用户评估和测试。用户评估和测试是了解资源实际效果和用户满意度的重要方式。资源建设者可以邀请用户参与资源的测试和评估，如进行试用、填写评估问卷等。通过用户评估和测试，资源建设者可以了解资源在实际应用中的效果，发现资源的问题和不足，进而进行优化和改进。同时，用户评估和测试可以提供用户不同时期的需求，帮助资源建设者更准确地预测用户需求的变化。资源建设者还应与使用者紧密合作，建立长期的合作关系。资源建设者和使用者之间的合作形式有多种，如开展合作研究项目、举办培训活动、建立用户社群等。通过合作，资源建设者和使用者可以共享资源和信息，共同解决问题，推动资源的优化和创新。同时，合作可以增强双方之间的理解和信任，建立稳定的合作关系。

在实施协同策略时，相关人员还需要注意以下几点：首先，资源建设者应尊重和理解用户，以用户为中心，将用户的需求和利益放在首位；其次，

资源建设者应保持开放和包容的态度，鼓励用户参与，接受用户建议；再次，资源建设者应持续学习和改进，不断提高自身的专业能力和服务水平，以更好地满足用户的需求；最后，资源建设者和使用者应尽可能地保持良好的沟通和合作，共同推动语言资源的发展和进步。

协同策略的实施需要具备一定的技术支持。例如，相关人员可以利用大数据、人工智能等技术，对用户行为数据进行挖掘和分析，以获取更深入和精准的用户需求信息。同时，相关人员可以利用云计算、物联网等技术，建立高效的用户服务和反馈系统，以提供及时的用户支持和服务。此外，相关人员还可以利用区块链、虚拟现实等新型技术，推动语言资源的创新，满足用户的新需求和期待。在协同策略的实施过程中，相关人员也需要注意一些挑战和问题。例如，如何保护用户的隐私和数据安全，如何处理资源建设者和使用者之间的利益冲突，如何评估和改进协同策略的效果等。这些问题需要相关人员进行深入的研究和讨论，以找到合理的解决方案。

（三）协同策略的实际效果和案例分析

协同策略的实施带来了积极的效果：首先，通过与用户的密切合作，语言资源得以精准的定位和定制化。资源建设者可以根据用户的需求和反馈进行改进和优化，确保资源能满足用户的需求。其次，协同策略促进了资源的创新和发展。与用户的合作可以激发创新的想法，引入新的功能和服务，推动语言资源不断更新和升级。最后，协同策略还增强了资源的可持续性和适应性。通过与用户的紧密合作，资源建设者可以及时调整资源内容，以适应不断变化的用户需求和应用场景，保持资源的活力和竞争力。

实际案例进一步验证了协同策略的有效性。在教育领域，与教育机构和教师的合作使得教育类语言资源更加贴近教学实践和学生需求，提供了更好的教学支持和学习体验。在专业领域，与专业机构和行业专家的合作使得特定领域的语言资源得到了更全面和深入的开发，满足了专业人士的需求，推动了相关领域的发展。

第五章　数字化时代语言资源在语言教育中的实践应用

在第四章中，笔者主要探讨了数字化时代语言资源建设和使用的主要原则，这些原则为建设高质量、可持续发展的语言资源提供了坚实基础。本章将着重介绍数字化时代语言资源在语言教育中的实践应用：首先，讨论数字化时代语言资源在语言教育中的应用场景，包括在线教学、自主学习和跨文化交流等；其次，介绍数字化时代语言资源在不同教育教学模式中的应用，如教师主导、学生主导和融合教学模式；再次，通过贵州少数民族语言资源建设及在语言教育中的应用，探讨数字化时代语言资源在语言教育中应用的具体实践；最后，介绍数字化时代语言资源在语言教育应用的效果评估。

第一节 数字化时代语言资源在语言教育中的应用场景

在本节中，笔者主要阐述语言资源在语言教育中应用的几个场景。

一、在线教学应用场景

在当前这个数字化时代，在线教学已经成为一种重要的教学形式，这种形式有其独特的现状和特点。

（一）在线教学的现状和特点

在数字化时代，在线教学已经成为教育体系的重要组成部分。无论是公立还是私立的教育机构，都在积极探索和实践在线教学。根据统计，全球在线教育市场的规模正在快速增长，预计到 2025 年，其市场规模将达到 1.6 万亿美元。

在线教学的形式多样，包括同步教学、异步教学、混合教学等。其中，同步教学如视频会议，可以实现实时互动；异步教学如录播视频和在线课程，可以让学生随时随地学习；混合教学则结合了面对面教学和在线教学的优点。

在线教育主要有以下几个特点：

1. 突破地域限制

在线教学使教育资源可以突破地域的限制，使更多的学习者能够接受优质的教育资源。这对于偏远地区的学习者，或者因为某些因素不能到学校学习的学习者，是一个巨大的福音。

2. 便捷高效

在线教学的另一个特点是便捷高效。学习者可以在任何有网络的地方进行学习。同时，学习者可以根据自己的时间安排进行学习。

3. 强调自主学习能力

在线教学强调个体的自主学习能力。学习者可以根据自己的学习进度和学习需求，选择合适的学习资源和学习方式。这对于培养学习者的自主学习能力和终身学习能力，具有重要的作用。

4. 能进行数据化跟踪和分析

在线教学可以对学习者的学习行为进行数据化跟踪和分析。这一点是传统教学无法比拟的。在线教学平台可以收集学习者的学习行为数据，如学习时间、学习频率、学习内容等，通过数据分析，可以了解学习者的学习习惯、学习效果和学习问题，从而为教学决策提供有力的数据支持。例如，教师可以根据学习行为数据，调整教学策略，提高教学效果；学习者可以根据学习行为数据，了解自己的学习状态，优化自己的学习方式。

（二）语言资源在在线教学中的应用

在在线教学中，语言资源的应用显得尤为重要。例如，教师可以使用语料库、词汇库等语言资源，设计丰富的教学活动，提高教学的吸引力和效果。学习者也可以利用这些语言资源，进行自主学习和实践，提高自己的语言水平。此外，语言资源还可以结合人工智能（AI）等技术，实现个性化教学，满足学习者的个性化需求。

在在线教学环境中，语言资源的应用已经成为一种趋势，并对教学效果和教学满意度产生了深远影响。语言资源包括词典、语料库、在线学习平台、AI 教师等，它们在在线教学中的作用各不相同，但都能提高学习效率、优化学习体验，并推动教学创新。语料库和词汇库是在线教学中的重要资源。语料库为学习者提供了大量的语言样本，可以帮助学习者理解和掌握语言的实际使用情况。通过浏览和分析语料库，学习者可以学习到更加自然、地道的语言表达方式。同时，教师可以利用语料库设计各种教学活动，如语言分析、文本比较、翻译练习等，以提高教学的吸引力和效果。词汇库则为学习者提供了丰富的词汇资源，可以使学习者扩大词汇量，提高语言理解和表达能力。通过浏览词汇库，学习者不仅可以学习到新的词汇，还可以学习

到词汇的用法、词义关系、词汇搭配等知识，这对于提高学习者的语言运用能力非常有帮助。在线学习平台为学习者提供了便捷的学习环境和丰富的学习资源，如视频课程、音频资源、互动测试、论坛讨论等。学习者可以根据自己的时间、地点和学习需求，选择合适的学习资源和学习方式。在线学习平台也为教师提供了丰富的教学工具和教学支持，如课程管理、学习数据分析、在线答疑等，可以帮助教师提高教学效率和教学质量。AI 教师则是在线教学的一种新兴形式，它可以根据学习者的学习数据，提供个性化的学习建议和学习支持，如个性化的学习路径、个性化的学习内容、个性化的学习策略等。这种个性化教学，可以更好地满足学习者的个性化需求，提高学习者的学习积极性和学习效率。此外，AI 教师还为学习者提供了更加便捷的学习服务（全天候在线答疑）。

语言资源的应用也推动了在线教学的创新。以往，教学活动主要围绕教师展开，学习者被动接受知识。而现在，学习者可以主动参与到学习活动中来，如通过互动式的语言学习软件进行角色扮演，或者通过浏览语料库进行自主学习等。这种教学模式的转变，使得学习者在学习过程中更加主动，从而提高了学习的积极性和效果。语言资源的应用还可以实现教学的个性化。例如，通过分析学习者的学习行为和学习效果，可以对学习者进行个性化教学，如提供个性化的学习建议，或者调整教学内容和教学策略等。这种个性化教学，可以更好地满足学习者的学习需求，提高学习者的学习满意度和学习效果。

（三）语言资源在线教学应用的效果和影响

语言资源在在线教学中的应用，不仅可以提高教学的效果，还可以产生深远的影响。语言资源在在线教学中的应用，为学习者提供了丰富多样的学习材料和实践机会，从而极大地提升了学习者的学习兴趣和动力。例如，学习者可以通过阅读和分析语料库中的实例，来深入理解语言的用法和规则。通过参与语言学习软件中的互动活动，学习者可以在实践中提高自己的语言技能。这种以学习者为中心的学习方式，不仅可以提升学习者的学习兴趣和动力，还可以提高他们的学习效果和效率。语言资源在在线教学中的应用，也可以帮助学习者提高他们的语言水平。语言资源提供了丰富的语言输入，可帮助学习者提高他们的语言感知和理解能力。例如，学习者可以通过听力训练软件提高他们的听力能力，通过阅读理解软件提高他们的阅读理解能力。通过这种方式，可以提高学习者的语言水平。

对于教师而言，语言资源在在线教学中的应用，提供了丰富的教学材料，帮助他们设计出丰富多样的教学活动。例如，教师可以使用语料库、词汇库等语言资源，设计出各种各样的教学活动，如角色扮演、模拟对话、写作训练等。通过这些教学活动，不仅可以提升教学的效果，还可以提高教学的效率。

尽管语言资源在在线教学中的应用带来了诸多优势，但也存在一些挑战。其具体内容如下：首先，如何有效地整合和利用语言资源，是一大挑战。语言资源种类繁多，如语料库、词汇库、语音库等，如何将这些资源有效地整合到教学中，是需要相关人员深入研究和解决的问题。其次，如何根据学习者的需求和水平进行个性化教学，也是一项挑战。每个学习者的语言水平、学习风格和学习目标都是不同的，如何利用语言资源提供个性化的教学，满足每个学习者的需求，是当前在线教学需要面对的问题。最后，如何确保语言资源的质量也是一个挑战，因为这直接关系到教学效果。为了应对这一挑战，相关人员可以采用先进技术，如通过 AI 等先进技术，实现对语言资源的智能化管理和个性化推荐。这样不仅可以增强资源的针对性，还可以提高管理效率。相关人员还可创建有效的用户反馈渠道，以便及时收集用户的意见和建议。这种直接的反馈将有助于对现有资源进行必要的修订和改进，从而提高语言资源的质量和适应性。而开展有针对性的教师培训和教学研究可以提高教师利用语言资源进行教学的能力和水平，这是确保资源实际效用的关键一步。此外，还需对语言资源进行持续的监测和更新，以确保资源内容的时效性和准确性。这可能涉及定期审核、更新语料库、引入最新研究成果等。

二、自主学习应用场景

自主学习是现代教育的一种重要形式，其具体内容如下。

（一）自主学习的简介

1. 自主学习的含义

自主学习是以学习者为中心的一种学习方式，强调学习者的主动性和自主性。学习者可以根据自己的学习目标、学习兴趣和学习节奏来学习。这一方式既可以使学习者提高学习的效率，也可以使学习者获得满足感和成就感。

2. 自主学习的现状

随着互联网技术和移动设备的普及，自主学习已经不再局限于传统的图书馆或自习室，学习者可以随时随地进行学习。

3. 自主学习的特点

（1）灵活性。自主学习的时间和地点非常灵活，学习者可以根据自己的日程选择最合适的学习时间和地点。

（2）多样性。自主学习的内容和方式多种多样，学习者可以自主选择学习内容和方式。

（3）自我驱动。自主学习强调学习者的主动性和自我驱动性，学习者可以根据自己的学习目标、兴趣和节奏来安排学习内容和调整学习进度。

（4）自我反馈与调整。自主学习通常需要学习者自我反馈和调整学习策略，这需要学习者具有一定的自我评估和自我调整能力。

4. 自主学习的挑战

自主学习中也存在一些挑战。例如，一些学习者可能缺乏自我驱动力和自我调整能力，他们可能会感到困惑和挫败。此外，如何选择和利用合适的学习资源，也是学习者需要面对的问题。

（二）语言资源在自主学习中的应用

在自主学习中，语言资源的应用具有重要意义，其不仅涵盖语料库、词汇库、语音库等传统资源，还包括线上课程、学习应用、多媒体素材等新型资源。以下详细探讨了这些资源在自主学习中的应用：

1. 语料库、词汇库在自主学习中的应用

学习者可以利用语料库、词汇库进行自我学习和实践。通过查阅语料库，学习者可以了解语言的实际使用情况，如语言搭配等；通过查阅词汇库，学习者可以扩大词汇量，提升语言运用能力。

2. 语音库、多媒体素材在自主学习中的应用

语音库和多媒体素材为学习者提供了丰富的听力材料和口语练习，这对于提高学习者的听说技能具有重要作用。

3. 在线课程和学习应用在自主学习中的应用

在线课程和学习应用以科技手段提供了丰富的语言学习内容和形式，支持听、说、读、写全方位的语言学习。

通过以上论述，可以看到语言资源在自主学习中的多元化应用，它们共同促进了学习者的语言能力的提高，以及自主学习过程的丰富和高效。

（三）语言资源在自主学习中应用的效果和影响

语言资源在自主学习中的应用，不仅可以提高学习的效果，还可以产生深远的影响。语言资源在自主学习中的应用，使学习者能够接触到更丰富、更具代表性的语言材料，有助于他们建立更全面、更准确的语言知识结构。例如，通过语料库中的实际语言使用案例，使学习者了解语言在不同语境中的变化和用法，从而提高他们的语言理解和运用能力。通过在线课程和学习应用中的各种学习活动和测试，使学习者提升语言技能，如听说读写等。自主学习意味着学习者需要对自己的学习过程和结果负责。在这个过程中，学习者需要学会设置学习目标、规划学习路径、选择学习资源、评估学习效果

等，这些都是自主学习的重要组成部分。自主学习不仅有助于提高学习者的语言技能，还有助于提高他们的问题解决能力、批判性思考能力、创新能力等。这些能力对于学习者的长期发展非常重要。例如，如果具有问题解决能力，学习者在遇到困难时能找到解决方案；如果具有批判性思考能力，学习者可有效分析问题，形成独立的见解；如果具有创新能力，学习者在学习和工作中能不断进步。

三、跨文化交流应用场景

在全球化背景下，跨文化交流成为日常生活和工作中不可或缺的一部分。随着国际贸易、教育、旅游业的快速发展，以及社交媒体和通信技术的普及，人们越来越频繁地与不同文化背景的人士进行交流。在这样的背景下，语言资源在跨文化交流中的应用显得尤为重要。

（一）跨文化交流的现状和特点

随着互联网技术的迅猛发展，全球间的联系日益紧密，使得跨文化交流不仅成为可能，而且成为常态。现今人们可以轻松开展跨文化交流。这样的交流方式有助于增进人们对不同文化背景下的价值观、信仰、习俗和生活方式的理解，从而促进相互之间的尊重和理解。

然而，跨文化交流的过程并不总是顺畅的，此过程中存在语言障碍。尽管英语是国际通用语言，但并不是所有人都能流利掌握。此外，同一种语言下的地域和文化差异既可能导致理解困难，也可能导致误解。例如，在某种文化中被认为是礼貌的举动，在另一种文化中可能被视为冒犯。

科技发展也改变了交流的方式，传统的面对面沟通正逐渐被发送电子邮件、开视频会议等现代通信手段取代。这一转变无疑带来了沟通的便利，但也产生了新的挑战。例如，现代通信方式中的非语言交流元素减少，这可能会降低交流的效果。

（二）语言资源在跨文化交流中的应用

在跨文化交流中，语言资源的应用起着至关重要的作用。使用语料库、词汇库等资源，可以减少语言障碍，促使交流的顺畅，并深化对其他文化的理解。其具体内容如下：

首先，语料库和词汇库是跨文化交流中的两个基础性语言资源。语料库体现了实际语言使用情况，对于学习目标语言的语法和用法有着无可替代的价值。学习者可以通过分析这些语言材料，逐渐消除语言障碍。同时，词汇库提供了丰富的词汇资源，为学习者提供了提高自己语言水平的途径。这两者共同作用，不仅促进了学习者语言能力的提高，更有助于学习者对其他文化的理解，进而促成更为顺畅的跨文化交流。

其次，多语种语料库在全球化背景下显得尤为重要。这样的资源可以使学习者在一定程度上理解和掌握多种语言，从而更加灵活地进行跨文化交流。不仅如此，多语种语料库还为研究者提供了丰富的研究数据，助力他们揭示不同语言之间的相互关系和影响。

最后，跨文化语料库作为一种特别的语料库，囊括了不同文化背景下的语言使用情况。它有助于学习者了解不同文化的语言特点和交流习惯，从而更好地适应跨文化交流的需要。例如，对跨文化语料库的深入分析可以揭示某些特定文化背景下词汇和表达的特殊意义和用法，这对于提升跨文化交流的效率和效果有着显著作用。

（三）语言资源在跨文化交流中应用的效果和影响

语言资源在跨文化交流中的应用，可以产生深远的影响：首先，它可以帮助人们克服语言障碍，更好地进行跨文化交流；其次，它可以提供丰富的跨文化信息，帮助人们增进对其他文化的理解，减少文化冲突；最后，它可以为跨文化教育提供有力的支持，促进全球教育的发展。语言资源在跨文化交流中的应用也存在一些挑战和问题。例如，如何有效地整合和利用跨文化语言资源，如何确保语言资源的质量，如何处理语言资源中的文化偏见和歧视等，都是需要相关人员深入研究和解决的问题。

第二节　数字化时代语言资源在不同教育教学模式中的应用

一、教师主导模式

教师主导模式是一种常见的教学模式。在这种模式下，教师扮演着核心的角色，负责设计和实施教学活动，引导学生进行学习。在数字化时代，随着语言资源的丰富和技术的发展，教师主导模式有了新的发展和变化。本部分主要阐述教师主导模式的定义和特点、语言资源在教师主导模式中的应用。

（一）教师主导模式的定义和特点

教师主导模式是由教师引领并控制教学过程的教学模式。在这种模式下，教师承担着课程设计、制订教学计划、知识传授和学生评估的职责。他们可以决定教学内容、教学方法，以及评估学生学习成果的方式。学生在这个过程中主要是知识接受者。

在教师主导模式中，教师是教学活动的主导者和决策者。对此，教师需要具备较高的专业素质和教学能力，以满足教学的需求。学生需要按照教师制订的教学计划进行学习，这种学习方式具有一定的强制性。学生的学习进度和学习目标主要由教师决定，并且需要按照教师的要求完成学习任务。教师主导模式强调结构化的教学。这种教学方式按照预设的教学计划进行，教学内容和教学进度都有明确的结构和顺序。教师通过各种有组织的教学活动，如讲解、示范、讨论、实践等，进行知识的传授。在教师主导模式下，学生的学习效果主要通过教师的评估来确定。教师通过测试、作业、报告等方式，了解和评估学生的学习进度和学习成果。

（二）语言资源在教师主导模式中的应用

在教师主导模式中，语言资源被广泛用于提升教学效果和教学质量。例如，教师可以使用语料库、词汇库等语言资源，设计丰富的教学活动，提高教学的吸引力和效果。同时，语言资源可以用于教学材料的制备，通过真实的语言材料，使学生更好地理解和掌握语言知识。

语料库、词汇库等语言资源提供了大量的真实语言材料。通过这些材料，教师可以设计更丰富、更具针对性的教学内容。例如，教师可以从语料库中提取特定的语言现象作为课堂教学的主题或讨论的焦点。语言资源的应用有助于提升教学的吸引力。例如，教师可以利用各种语言资源，如影视剧对话、新闻报道、社交媒体对话等，进行情境教学，使学生在接近真实的语境中学习和理解语言。借助于大数据和人工智能等技术，教师可以对语言资源进行深度挖掘和分析，从而实现个性化教学。例如，教师可以根据学生的学习历程和表现，个性化推荐适合他们的学习资源，或者调整教学策略和方法。语言资源还可以用于学生的学习评估。通过对学生的语言产出进行分析，教师可以更准确地了解学生的语言水平和学习进度，从而进行指导。

二、学生主导模式

在教育模式的多元化发展中，学生主导模式逐渐受到重视。与传统的教师主导模式不同，学生主导模式更注重学生的主动性和创新性，强调通过学生的主动探索和实践来实现学习的目标。在这种模式下，教师从知识的传授者转为学生学习的引导者和支持者，而学生从知识的接受者转为知识的建构者。在这种模式中，语言资源的应用在提升学习效果和培养学生的自主学习能力等方面起到了重要作用。

（一）学生主导模式的定义和特点

学生主导模式，也被称为学习者中心的教学模式，这是一种强调学生在教学中扮演主导角色的教学方式。在此模式中，学生不再仅仅是接受知识的容器，而被视为主动的学习者和知识的建构者。这种变化从根本上改变了教

育的本质，使得教育更加符合个体化和发展的需要。在学生主导模式中，学生的主动性和自主性被高度强调。学生可以根据自己的学习需求和兴趣，自主选择学习内容和学习路径，自我调节学习进度和学习策略。这种模式认为，学生是学习的主人，他们不仅能够决定学习什么，而且能够决定如何学习。这种自主的学习方式可以激发学生的学习动力，提高学生的学习兴趣，使得学习成为一种内在驱动的过程。学生主导模式也强调学生的自我发现和知识建构。学生被鼓励通过探索和实践，自我发现和建构知识。这种模式认为，知识不是教师直接传授给学生的，而是通过学生自己的努力和探索而建构出来的。这种自我建构的过程，不仅可以提高学生的思维能力和问题解决能力，而且可以帮助学生加深对知识的理解。

此外，学生主导模式还强调学生的合作学习和社区参与。在这种模式中，学生需要与同伴一起解决问题，共享学习资源，共建知识。这种合作的学习方式既可以提高学生的合作能力和沟通能力，也可以提高学生的学习动力和学习满足感。通过与他人合作，学生可以从中学习到如何交流，如何合作，如何解决问题，这有利于提高他们的合作能力、沟通能力和解决问题的能力，对他们未来的发展非常有利。

（二）语言资源在学生主导模式中的应用

在学生主导模式中，数字化语言资源起到了关键作用。例如，通过在线语料库和互动平台，学生可以访问到各种与他们学习目标和兴趣相匹配的材料和资源，从而使学习变得更加个人化和有趣。数字化语言资源，如在线教材、视频教程和虚拟实验室等，可以为学生提供丰富的探索和实践机会。学生可以通过亲自尝试和操作，自我发现和建构知识，从而深入理解和运用语言，提高思维和问题解决能力。此外，社交媒体和在线合作工具可以促进学生之间的交流和合作。学生可以在虚拟环境中共享学习资源、协同解决问题。这样不仅提高了学生的合作和社交能力，还增强了其学习动力和满足感。

三、融合教学模式

融合教学模式是一种将传统面对面教学与在线学习相结合的教学方式。融合教学模式通过结合传统教学和现代技术手段，为学生提供了更丰富多样的学习体验。

（一）融合教学模式的定义和特点

融合教学模式以教师和学生的互动为核心，通过整合不同的教学模式和资源，提供更灵活、多样化的学习方式。融合教学模式具有灵活性、资源丰富性和互动性的特点。

融合教学模式强调教学灵活性。教师可以根据教学目标和学生的学习需求，灵活选择和组合教学模式。在面对面教学中，教师可以直接与学生进行互动和讨论，解答学生提出的问题，激发学生的学习兴趣。而在在线学习中，学生可以根据自己的学习节奏和时间安排进行学习。灵活性的增强能够满足不同学生的学习需求，提供个性化的学习体验。混合教学模式注重资源丰富性。通过融合传统教学资源和在线学习资源，教师可以提供多样化的学习资源，如教材、多媒体资料、在线课程等。学生可以根据自己的学习风格和喜好，选择适合自己的学习材料和资源。此外，通过在线学习平台，学生可以获取更丰富的语言资源，如语料库、词汇库等，用于自主学习和实践。资源丰富性的增强能够激发学生的学习兴趣，提供更多的学习机会和选择。融合教学模式强调互动性。教师和学生之间的互动是混合教学模式中不可或缺的要素。通过面对面教学，教师可以与学生进行实时的互动和讨论，了解学生的学习情况，解答疑惑，提供针对性的指导。而在线教学中，教师可以通过在线讨论、群组活动等方式与学生进行互动。学生可以通过在线平台与教师和同伴进行交流和合作，分享学习成果，共同构建知识。互动性的增强能够提高学生的合作能力、社交能力和问题解决能力。

（二）语言资源在融合教学模式中的应用

在融合教学模式中，不仅有教材、辅导书等传统语言资源，还有数据库

等数字化语言资源。学生可以通过在线词汇库和语法库查找语言知识，通过在线语料库获取真实语言材料。此外，学生还可以通过这些资源进行听力训练、口语练习和写作实践，使学习更加丰富和生动。

语言资源的在线共享和交流成为融合教学模式的重要特点。学生可以通过在线协作平台和学习社区共享语言资源、讨论学习问题，与其他学生进行交流和合作。这种合作学习的模式促进了学生之间的互动和合作，还能培养其团队合作和社交技能。融合教学模式中的语言资源还为学生提供了个性化学习的机会。学习管理系统和智能学习系统可以根据学生的学习数据和学习行为，提供个性化的学习建议和反馈。通过这些系统，学生可以获得定制化的学习路径和资源推荐，使他们在学习过程中更加有效地掌握语言知识和技能。

第三节　数字化时代语言资源应用于语言教育的案例分析

随着信息技术的发展，语言资源的多样化应用在全球教育领域内逐渐显现，为来自不同语言和文化背景的学生提供了丰富多样的学习体验。在语言教育中，语言资源不仅包括传统的文字和教材，还扩展到了多媒体资料、在线课程、语料库、词汇库、智能学习系统等。这些资源被广泛运用于听力训练、口语练习、写作实践等方面，使语言学习更加生动、实用和个性化。例如，多媒体资源如音频和视频可以增加学习的吸引力，使学生在真实情境中进行语言实践；在线课程和智能学习系统可以为学生提供定制化的学习路径，帮助他们针对自身需求进行有效学习；语料库和词汇库等在线工具则能让学生深入了解语言的使用和变化，锻炼分析和理解能力。在语言资源运用中，中国贵州省的少数民族语言教育便是一项典型和成功的案例。

一、贵州省少数民族语言资源的建设

贵州省正在积极推动少数民族语言资源的建设工作。贵州省旨在构建全面的少数民族语言资源库，并且正在为实现这一目标而不断努力。

（一）建设背景和目标

贵州省作为一个多民族聚居的地区，拥有悠久而丰富的少数民族语言文化。然而，随着社会变革和现代化进程的推进，许多少数民族的语言面临着消失的风险。政府和教育机构意识到建设和利用语言资源的重要性，从而促进了少数民族语言资源的建设。贵州省对少数民族语言资源的建设设立了全面、系统、可持续的目标，旨在保护和传承各民族独特的语言文化遗产。通过数字化手段，将少数民族语言资源转化为可供学习、教学、研究的数字化资料，使学生、教师、研究人员能够更方便地访问和使用这些资源。这样的做法不仅有助于对珍贵的语言文化进行永久保存和传承，也提供了丰富的教学材料和工具，为语言教育提供了支撑，还促进了多样化的语言学习和文化交流，增强了教育的活力和效果。通过全面收集、精心整理和准确标注语言资源，深入研究少数民族语言的语音、词汇、语法等要素，贵州省加深了对语言的认识和理解，推动语言教育科学化发展。此外，该省在语言资源建设中还注重少数民族语言的发展和应用，以提高少数民族学生的语言能力，增强跨文化交流和理解的深度。总体来说，贵州省少数民族语言资源的建设是一项多元化、全方位、有深度的工程，不仅注重语言文化的保存和传承，还通过现代技术将传统资源转化为实用的数字化资料，促进了语言教育的创新和发展。

在建设目标的指引下，贵州省通过协调政府、教育机构、语言专家和社区的力量，推动少数民族语言资源的建设和应用。这一举措为保护和传承贵州省丰富的少数民族语言文化遗产奠定了坚实的基础，并为促进语言教育的发展提供了重要支持。

（二）建设过程和实施策略

贵州省在推动少数民族语言资源建设的过程中，采取了一系列的策略和措施：首先，贵州省积极采集少数民族语言数据，包括口头语料、文字资料和语音录音等，以确保语言资源的全面性和真实性；其次，贵州省对采集的语言数据进行整理、分类和标注，并将其放到语言资源库中。

贵州省还提供了在线获取语言资源的平台。这些平台不仅提供语言学习

的教材和课程，还具有语言练习、交流和互动的功能，为学习者提供了便捷的学习工具。贵州省注重培养语言资源开发人才，通过举办培训班、研讨会和交流活动，提高语言资源开发人员的专业水平和技术能力。同时，与少数民族地区的教育机构、社区和语言专家建立紧密合作关系，共同参与语言资源的开发，确保资源的适应性和可持续性。这些策略和措施的综合应用，使贵州省在少数民族语言资源的建设上取得了积极的进展。通过广泛的合作与努力，贵州省推动少数民族语言资源可持续利用。

二、贵州省少数民族语言资源在语言教育中的应用实践

贵州省在语言教育中积极应用少数民族语言资源，并取得了显著成效。通过将少数民族语言资源融入教学实践，学生能够更好地学习和理解多元文化，提高语言能力和跨文化交流能力。同时，学生能够更深入地了解少数民族的语言和文化，促进文化传承和发展。

（一）应用背景和目标

贵州省将少数民族语言资源应用于语言教育具有一定的背景和目标。贵州省作为一个多民族聚居的地区，拥有丰富多样的少数民族语言资源。这些语言资源蕴含着丰富的文化内涵和独特的语言特点，对于保护和传承少数民族语言具有重要意义。贵州省关注少数民族学生的语言能力发展和教育公平。许多少数民族学生可能面临语言障碍和文化差异的挑战，因此，通过应用少数民族语言资源，可以提供更加贴近学生生活和文化背景的学习材料，帮助他们更好地理解和掌握语言知识。贵州省在语言资源应用方面的目标是通过少数民族语言资源的应用，提高学生的语言能力和跨文化交流能力。这样，学生能够更深入地了解和体验少数民族的语言和文化，培养对多元文化的包容态度。同时，通过丰富的语言资源和教学活动，学生能够提高语言理解和表达的能力，提升自信心和学习动力。

通过应用少数民族语言资源，贵州省的语言教育更加多元化和具有包容性。学生有机会接触到不同的语言和文化，促进文化传承和交流。这不仅有

助于增进学生的语言能力，还能培养他们的跨文化意识和沟通技巧，为他们在跨文化环境中的发展打下坚实基础。

（二）应用过程和策略

在少数民族语言资源的应用过程中，省政府采取了多种策略和方法，旨在充分利用这些资源，为学生提供丰富的语言支持。其具体内容如下：

1. 教师的专业培训和角色强化

省政府和教育机构为教师提供了专门培训，确保他们能够理解和运用少数民族语言资源。教师通过分析资源特点和学生需求，设计情境化的教学活动，如口语对话、听力训练等，使学生在实践中提升语言能力。

2. 学生的自主学习和反馈机制

学生可以通过在线学习平台自主进行词汇记忆、语法掌握等活动。此外，省政府还设置了反馈和评估机制，让学生能够根据自身情况调整学习策略，以提升学习效果。

3. 合作伙伴关系的构建

省政府积极与少数民族地区的教育机构、社区和语言专家建立合作伙伴关系，共同参与语言资源的开发，以确保资源的质量和有效性。

4. 真实语言环境和文化背景的融合

通过社区和语言专家提供的真实语言环境和文化背景，学生能够得到一定的语言输入和交流机会。这有助于增强学生的语言感知和理解能力，促使他们更好地了解本地文化。

5. 资源的研发与优化

省政府联合教育机构和语言专家共同研发教材和教学资源，以确保其符合学生的学习需求和少数民族的语言特点。

6. 技术与平台的支持

通过构建在线词汇库、语法库和语料库等数字化资源，为学生提供便捷的学习工具。技术支持和平台的易用性使得学生可以在不同环境下灵活学习，增强了学习的可持续性。

通过这些应用过程和实施对策，贵州省的少数民族语言资源得以充分利用，为学生提供了全面的学习支持。这不仅增强了学生的语言能力和文化认同感，还有助于保护和传承少数民族的独特语言和文化遗产。

（三）应用效果评估

贵州省对少数民族语言资源在语言教育中的应用进行了全面评估，得知资源的实际应用效果。

评估从学生的语言能力出发。通过对学生语言成绩的统计和分析，可以评估学生听、说、读、写等语言技能的提升程度。教育机构可以对学生的口语表达能力、词汇掌握水平、语法运用能力和阅读理解能力等进行定量和定性的评估，从而了解学生在这些方面的发展情况。评估还关注学生的学习动力和学习满意度。通过问卷调查、访谈和反馈收集，了解学生对语言资源的使用感受和学习成果的获得情况。除了学生层面的评估，还应考虑到教师评估。教师的教学反馈和自我评估能够提供教师对语言资源应用过程的主观认知。通过教师的反馈和评估，可以了解教师在语言资源应用过程中的困难、挑战和成功经验，为进一步的教师培训和支持提供依据。

对评估结果的分析和总结有助于人们了解贵州省少数民族语言资源应用的效果，并为决策提供依据。在评估过程中，需要设置科学的评估指标和评估方法，确保评估结果的客观性和准确性。评估不仅仅是对过去的应用进行回顾，更应该是对未来应用的指导，为贵州省少数民族语言资源的持续发展和应用提供重要的反馈和启示。

三、贵州省少数民族语言资源应用的影响和启示

贵州省少数民族语言资源的应用产生了积极的影响和启示。这种应用

不仅提高了学生的语言能力和学习动力，也增强了学生对少数民族文化和语言的认同感。这种经验和成果为未来的语言资源建设和应用提供了重要的启示，同时促进了本地文化传承和发展。语言资源的应用有助于保护和传承本地少数民族的语言和文化。通过收集和整理少数民族词汇、语法、故事和歌曲等资源，构建了内容丰富的语言资源库。这些资源使得少数民族的语言和文化得到了记录和保存，避免了语言的消失和文化的断层。学生通过学习和使用这些语言资源，能够更好地理解和传承自己的文化传统，增强对本地文化的认同感。语言资源的应用提高了少数民族地区的凝聚力。通过学习本地少数民族的语言，学生能更加深入地了解自己的民族身份，与本地的联系更加紧密。学生可使用本地少数民族语言资源与长辈交流和互动，加强彼此之间的情感联系。这样有助于加强本地的凝聚力，促进本地成员互助合作，推动本地可持续发展。语言资源的应用还激发了学生对本地文化的热爱和自豪感。通过学习和使用本地少数民族的语言资源，学生对本地的传统文化、艺术和习俗有了更深入的了解。他们在学习中接触到本地的民间故事、传统歌曲和舞蹈等，体验到了文化的魅力和独特性。这种体验激发了学生对本地文化的热爱和自豪感，使他们更加积极地参与本地的文化活动，促进了文化的传承和发展。

（一）对语言教育的影响

贵州省少数民族语言资源的应用为语言教育带来了新的思路和方法，对语言教育产生了积极的影响。通过充分利用语言资源，个性化教学和合作学习得以实现，提高了语言教育的质量和效果。

语言资源的应用为语言教育带来了进行个性化教学的机会。教师可以根据学生的学习需求和能力水平，选择适合的语言资源和教学策略，提供个性化的学习支持。通过语言资源的多样性和灵活性，教师能够更好地满足学生的学习需求，帮助他们在语言学习中取得更大的进步。个性化教学的实施使得每个学生都能够充分发挥自己的潜力，实现个体化的学习目标。语言资源的应用促进了合作学习的实施。学生可以利用语言资源进行小组讨论、项目

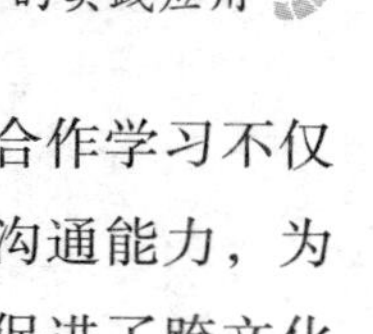

合作和角色扮演等活动，共同探索和解决语言学习中的问题。合作学习不仅提高了学生的学习动力和参与度，还培养了他们的团队合作和沟通能力，为他们今后的学习和工作打下了坚实的基础。语言资源的应用也促进了跨文化交流和理解。通过接触和学习不同少数民族的语言资源，学生能够更好地了解不同文化的特点和价值观。他们在与他人交流中持包容态度，形成了多元文化意识。这种跨文化交流和理解有助于促进文化的多样性发展。

（二）对未来语言资源建设和应用的启示

贵州省少数民族语言资源建设和应用的经验为未来的语言资源建设和应用提供了有益的启示，其具体内容如下：

1. 数据采集和整理的重视

相关人员在语言资源采集中要确保数据准确无误，同时建立统一的标注和分类体系，如把同一类型的语言资源分到一起，这样便于人们对语言资源的检索和使用。

2. 资源保护和管理的加强

要想确保语言资源的长期可用性和可访问性，需要建立有效的保护和管理机制。这样可以确保资源持续使用，并为研究和教学提供参考。

3. 学生需求和特点的考虑

在资源的应用过程中，应充分考虑学生的需求和特点，灵活运用资源来实现个性化教学。教师应充当引导者，促进学生主动参与和探索，实现真正的自主学习。

4. 在线学习平台的利用

充分运用现代教育技术，如在线学习平台和语言资源库等，为学生提供丰富的学习资源和学习机会。这有助于学生进行自主学习，并增强教学的灵活性和便捷性。

5. 合作与交流的推动

引导各级教育机构、语言专家和社区建立合作关系，共同推动资源的发展。共享资源和经验可以促进资源的建设，形成多方参与的合力。

6. 国际合作与多元文化的促进

开展国际合作，借鉴其他地区和国家的经验和成果，不仅可促进语言资源的建设和升级，还能促进多元文化的交流与发展。

第四节　数字化时代语言资源在语言教育中应用的效果评估

在第三节中，笔者主要阐述了数字化时代语言资源在语言教育中的具体应用案例。本节专注于评估数字化时代语言资源在语言教育中的应用效果：首先介绍评估的重要性，述说主要的评估方法，并探讨如何根据不同的应用场景选择合适的评估手段；其次阐述实施评估的全过程；最后呈现评估结果，并据此制定进一步的优化方案。通过评估，为语言资源的有效整合和教育实践提供实用的参考和指导，推动语言教育在数字化时代不断创新和发展。

一、效果评估简介

本部分阐述了效果评估的相关内容：首先，它强调了评估的重要性，评估可以帮助教师了解语言资源的效用并优化教学方法；其次，它介绍了两种主要的评估方法：定量方法（问卷调查）和定性方法（观察、访谈）；最后，它指出选择评估方法时需要考虑评估的目标、对象以及实施的可行性。

（一）效果评估的重要性

在数字化时代，教育资源已经呈现出多样化的趋势，尤其在语言教育领域，线上课程、应用程序、电子书等资源的出现，使得语言学习变得更为便捷。随着这些资源的普及，如何评估它们在语言教育中的效果成为一个重要的问题。这就引出了笔者接下来要探讨的主题——效果评估的重要性。

效果评估是了解语言资源应用效果的基本手段。在语言教育中，教师或教育机构通常需要使用多种语言资源，以满足不同学生的学习需求。但是，这些资源的效果如何，是提升了学生的语言能力，还是让他们投入了大量的时间和精力却收效甚微？这就需要通过评估来得出答案。评估可以提供数据支持，帮助教师了解语言资源的实际应用效果，从而做出合理的决策。效果评估能够帮助教师评估学生的学习成果。学习语言不仅仅是记住一些单词和语法规则，更要运用所学的语言进行交流。通过评估，教师可以了解学生的语言技能是否有所提升，他们是否能够灵活运用所学的语言，这样有助于判断语言教育的效果。如果评估结果显示学生的学习成果不佳，那么教师就需要调整教学方法或者更换语言资源，以提高教学效果。效果评估可以帮助教师发现问题和不足之处。在教学过程中，总会出现一些问题，如教学方法不合适，语言资源不贴合学生需求，或者学生的学习动力不足等。这些问题可能会影响学生的学习效果。通过评估，教师可以发现这些问题，并寻找解决方案。例如，如果评估结果显示某个应用程序在提高学生听力方面效果不佳，那么教师就可以考虑寻找其他更有效的听力资源。效果评估还可以为改进教学提供依据。教学是一个动态的过程，需要根据学生的学习情况和反馈进行调整。评估就像是一面镜子，能够反映出教学的实际情况，为教学改进提供方向。通过分析评估结果，教师可以了解哪些教学方法或语言资源是有效的，哪些是需要改进的。这样，教师就可以据此制定改进策略，以提高教学质量。有效的评估还可以提升学生的学习动力和学习成绩。评估不仅可以反映出学生的学习成果，也可以激励他们更加努力地学习。当学生看到他们的努力得到了回报，看到自己的语言能力有所提升，他们会更有动力去学习。同时，通过评估，教师可以发现学生的优点和强项，让他们在学习过程中得到更多的成功体验，从而提高他们的学习成绩。

（二）效果评估的主要方法

在数字化时代，有多种评估语言资源在语言教育中应用效果的方法。例如，定量方法和定性方法。定量方法主要依赖于可量化的数据，这些数据可以直观地反映学生的语言能力和学习成果，是评估语言资源应用效果的重要依据。问卷调查是一种常见的定量评估方法。教师可以设计一份关于语言资源使用情况的问卷，并让学生填写。问卷中可以包含一些关于学生使用语言资源的频率、对语言资源的满意度和理解程度等问题。通过收集和分析这些数据，教师可以了解语言资源在学生学习中的实际作用。而测试成绩是评估学生语言能力的直接指标。教师可以通过定期的测试和考试，了解学生听、说、读、写等语言能力的发展情况。这些成绩数据可以直观地反映出语言资源的应用效果。例如，如果学生的成绩有明显的提高，那么就说明教师使用的语言资源是有效的。定性方法主要通过收集和分析非数值化的数据，来评估学生的语言运用能力和学习体验。观察是一种常用的定性评估方法。教师可以通过观察学生在课堂上的表现，了解他们的学习动态，如他们是否积极参与课堂活动，是否能理解和运用新学的语言知识等。这些信息可以帮助教师了解语言资源的实际应用效果，并使其及时调整教学策略。访谈是另一种定性评估方法。通过与学生的交谈，教师可以了解他们对语言资源的使用感受，以及他们在学习过程中遇到的问题和困难。这些信息可以帮助教师更深入地理解语言资源的优点和不足，从而进行改进。而学生作品是评估学生语言能力的重要依据。例如，教师可以通过评估学生的作品，了解他们在词汇、语法、组织结构等方面的应用能力。同时，通过作品，教师可以看出学生对所学知识的理解程度和创新能力，这也是评估语言资源效果的重要角度。通过定量方法和定性方法的综合运用，教师可以从不同角度评估语言资源在语言教育中的应用效果。这样的评估不仅可以让教师了解语言资源的优点和不足，也可以帮助教师调整和优化教学方法，提高语言教育的质量和效果。

（三）效果评估方法的选择和适用性

选择适当的效果评估方法是获得准确和全面评估结果的关键。这个过程需要考虑多个因素，包括评估目标、评估对象和方法的可行性。选择适当的评估方法，不仅可以保证评估结果的有效性，还能提高评估的效率。

评估目标是决定评估方法的重要因素。评估目标直接影响教师对评估的设计和实施。例如，如果目标是了解学生对语言资源的满意度，那么教师要选择问卷调查作为评估方法，因为它可以直接收集学生的主观感受和反馈。如果目标是了解学生的语言能力和学习成果，那么测试和考试可能是更好的选择，因为它们可以提供关于学生能力的客观数据。评估对象也会影响教师选择评估方法。评估对象是教师在评估过程中评估的具体人群或事物，如特定年级的学生，或者特定课程的教学效果。对于不同的评估对象，可能需要采用不同的评估方法。例如，对于年纪较小的学生，可以采用更直观、互动性更强的评估方法，如观察和做游戏；而对于年纪较大的学生，可以使用更复杂、更深入的评估方法，如访谈和作文分析。方法的可行性也是一个需要考虑的因素。可行性主要涉及评估方法的实施难度、所需的资源和时间等。教师需要选择既能达到评估目标，又能在实际操作中顺利实施的评估方法。选择效果评估方法是一个需要综合考虑多个因素的过程。教师需要根据评估目标、评估对象和方法的可行性，选择最合适的评估方法，以获得准确和全面的评估结果。同时，教师需要灵活地调整和改进评估方法，以适应语言教育的不断变化和发展。

二、效果评估实施

在实施效果评估时，教师需要明确评估目标和指标，设计合理的评估流程，以及提前预见并解决可能出现的问题。这一部分将详细讨论这些关键步骤，以确保评估的有效性和准确性。具体内容如图 5-2 所示。

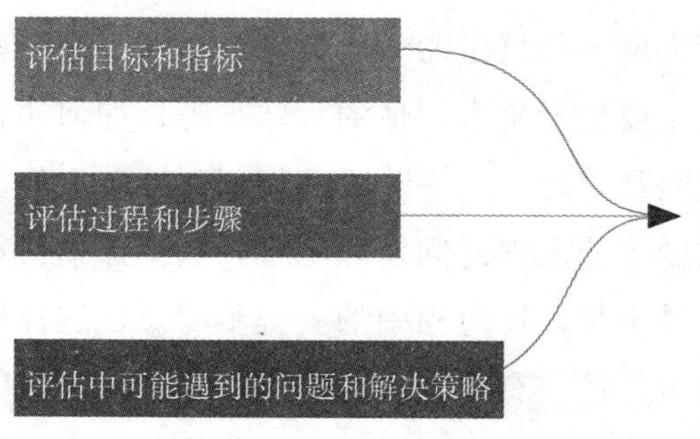

图 5-2 效果评估实施

（一）评估目标和指标

在进行效果评估时，首先需要明确评估的目标和指标。评估目标可以包括学生的语言能力提升情况、学习动力强弱、学习成果的达成程度等。评估指标可以涵盖学生听、说、读、写能力的提升情况，学习过程中的参与度，以及学习成果的质量等。

评估目标，顾名思义，是教师期望通过评估活动达到的目的。在语言教育的效果评估中，教师可以通过以下问题来了解学生的学习情况，如学生在使用了特定的数字化语言资源后，他们的语言表达能力是否有所提高？他们对学习的兴趣是否有所增强？他们是否能够达到预定的学习目标？学生对这些问题的回答，将有助于教师了解数字化语言资源的使用效果，促使教师进一步优化使用方法。

评估指标则是教师用来衡量评估目标达成情况的具体标准或者指标。这些指标需要具体、可度量，以便教师能够通过收集数据来评估它们。在语言教育的效果评估中，教师可以通过以下指标来评价学生，如教师可以通过测试或者考试的成绩来评估学生听、说、读、写的提升情况；教师可以通过问卷调查或者访谈来了解学生在学习过程中的参与度；教师可以通过作品分析或者项目评估来衡量学生学习成果的质量。

（二）评估过程和步骤

评估过程开始于明确评估的时间和范围。这是评估活动的初始阶段，主要包括确定评估活动的开始和结束时间，确定评估覆盖的课程或教学内容，以及确定评估的目标人群，如特定的学生群体或全体学生。在这一阶段，还要制定评估流程，其主要包括确定评估的具体步骤，如何执行每个步骤，以及每个步骤所需的时间和资源。这一阶段的规划和准备工作可以确保评估活动的顺利进行，并减少可能出现的问题和困难。基于评估目标和指标，选择合适的评估方法和工具也是评估过程中的关键步骤。在选择评估方法和工具时，需要考虑它们的可行性、有效性和适用性，以确保评估的准确性。在这个阶段，还需要进行数据的收集和记录，这包括收集学生的反馈、记录学生

的成绩和表现，以及收集其他相关的数据和信息。在收集到数据后，接下来要对数据进行整理和分析。这一步骤包括清洗和处理数据，以便进行分析；使用适当的分析工具，如描述性统计、相关性分析或因果关系分析来分析数据；根据数据分析的结果，得出评估的结论。这个过程可能需要多次迭代，以不断优化和改进评估方法和结果。将评估结果进行呈现和解读是评估过程最后的步骤。这包括编写评估报告，创建图表来可视化数据，以及解读评估结果。在这个阶段，关键是以易于了解的方式呈现评估结果，使教育机构、教师、学生和其他利益相关者能够清楚地了解评估的结果，以及这些结果对语言教育的意义和影响。

（三）评估中可能遇到的问题和解决策略

数据收集不全是评估过程中可能遇到的问题之一。数据的完整性决定了评估结果的准确性。如果数据收集不全，可能会使评估结果出现偏差，从而影响对语言资源应用效果的判断。对此，评估人员需要加强与学生和教师的沟通和合作，以确保数据的准确性和完整性。例如，可以通过定期的培训，使学生和教师知道如何准确地提供和记录数据。同时，可以使用数字化工具和系统，自动收集和记录数据，以减少人为错误和遗漏。评估工具不适用也是一个需要注意的问题。评估工具直接影响到评估的准确性和效率。如果评估工具不适用，可能会使评估结果出现偏差，或者无法准确地测量评估指标。对此，评估人员需要选择合适的评估工具，以提高评估的精确度和有效性。

在评估过程中，及时评估反馈和沟通也是非常重要的。这不仅可以及时发现和解决评估过程中的问题，也有助于增强评估的透明度和公信力。例如，可以定期与学生、教师和其他利益相关者开展评估反馈会议，共同讨论评估结果，听取他们的反馈意见，并根据反馈意见进行相应的改进和调整。这种反馈和沟通的过程可以使评估更加公正和公平，同时可以深化所有人对评估过程和结果的理解。面对评估过程中可能遇到的问题和挑战，采取有效的解决策略，是提高评估质量和效果的关键。而评估的质量和效果，又直接影响到语言教育的改进和发展，以及学生的语言学习效果和体验。因此，对于每一个评估人员来说，了解评估过程中可能遇到的问题和解决策略，以及如何在实际操作中灵活应用和调整这些策略，是一项重要的技能。

三、效果评估结果

这一部分主要阐述效果评估结果，包括评估结果的呈现、评估结果的解读和分析，以及根据评估结果提出改进建议和策略。

（一）评估结果的呈现

在语言资源应用效果评估中，评估结果的呈现是一项关键任务。这不仅关系到评估结果能否被正确理解，也关系到评估结果能否得到有效利用。一个好的评估结果呈现方式应该让相关人员直观地了解语言资源在语言教育中的应用效果。评估结果需要清晰而简明。这意味着评估结果应该避免使用复杂的术语和冗长的句子，而是用简洁易懂的语言来表述。评估结果的表述应该具有逻辑性，清楚地说明评估的目标、过程和结果。同时，为了保证评估结果的准确性，需要对数据进行严谨的处理和分析。此外，可以通过多种形式来呈现评估结果。例如，可以使用图表来直观地展示数据的变化趋势。图表能够以视觉方式展示复杂的数据，使人们更容易理解和记住。当然，也可以编写报告来详细地介绍评估的过程和结果。报告可以提供更完整的信息，包括评估的背景、目的、方法和结论等。在某些情况下，也可以通过口头或者视频汇报的方式来展示评估结果。这种方式可以直接与听众进行互动，及时解答他们的问题。评估结果应该方便交流和分享。这意味着评估结果的呈现应该考虑到不同的接收者，如教师、学生、教育管理者等，他们可能对评估结果有不同的需求和期待。因此，评估结果的呈现应该尽可能地满足这些需求，使所有的接收者都能从中获取他们需要的信息。例如，对于教师来说，他们可能更关心如何改进教学方法；而对于学生来说，他们可能更关心自己的学习效果如何，以及如何提高学习效果。

（二）评估结果的解读和分析

评估结果需要进行详细的解读和分析，以获取深层次的理解。通过对评估结果的综合分析，可以识别出应用的优点，发现问题所在，并提出改进和发展的建议。同时，可以与先前的评估结果进行对比，以了解应用效果的变化情况。

对评估结果进行解读是一个寻找和解释数据内在关联的过程。这需要教师掌握相关的知识和技能，如数据分析技能、统计学知识等。教师需要根据评估目标和指标，对评估数据进行详细的分析，了解数据的变化趋势，寻找数据之间的关联和影响因素。例如，教师可以通过对学生的语言能力测试成绩进行分析，了解学生的语言能力提升情况；通过分析学生的学习动力调查数据，了解学生的学习动力的变化情况。通过对评估结果的解读，教师可以识别出语言资源应用在教学中的优点和不足之处。这包括识别出哪些教学策略和方法有效，哪些不够有效，存在哪些问题和挑战等。这些信息对于改进教学策略和提高教学质量具有重要意义。例如，如果教师发现在使用某个语言资源时，学生的口语能力提升较快，而写作能力提升较慢，那么教师就应该考虑是否要调整教学策略，如增加对写作能力的训练。对评估结果的解读和分析，还有助于教师提出改进和发展的建议。根据评估结果，教师可以提出选择合适的语言资源等建议。这些建议可以为教学的改进和发展提供参考和指导。

通过对评估结果的解读和分析，教师还可以与先前的评估结果进行对比，了解语言资源应用效果的变化情况。这可以帮助教师了解自己的教学策略和方法是否有效，教学质量是否在提高，学生的学习效果是否在改善。这对于教学改进和发展是非常有用的。

（三）基于评估结果的改进策略和建议

在数字化时代语言资源应用的效果评估中，基于评估结果制定的改进策略和建议是一个关键的环节。在这一环节中，教师可以利用评估结果对语言教育的实践进行反思和优化，从而实现教学质量的提升和学习效果的改善。

评估结果是教师制定改进策略的重要依据。每一次评估都是一次对教学实践的反思和审视。通过评估，教师可以了解到哪些教学策略或者语言资源的应用是有效的，哪些是不够有效的，哪些地方存在问题或者不足。例如，如果评估结果显示某个语言资源在提升学生的阅读能力方面表现出色，但在口语训练方面效果欠佳，那么教师就需要考虑如何改进这个语言资源，或者寻找其他能够弥补这一不足的资源和方法。基于评估结果的改进策略应该是具体和操作性强的。教师需要根据评估结果，制定针对性的改进策略。这一策略应该包含具体的改进目标、实施步骤和预期效果，以便于执行和监控。例如，如果评估结果显示学生在使用某个语言资源时学习动力不足，那么教师就可以设定提高学生学习动力的改进目标，然后制定相关的激励策略，如提供更有趣的学习内容，增加学习的互动性等。此外，教师还可以根据评估结果提出一些长远的发展建议。这些建议可以是对教学策略的调整，也可以是对语言资源应用的优化。例如，如果评估结果显示某个语言资源在教学中的使用效果优于其他资源，那么教师可以建议更广泛地使用这个资源，或者研发更多类似的资源。教师还应该充分利用评估结果中的成功经验和最佳实践。这些成功经验和最佳实践是教师在教学实践中的宝贵财富，可以为其提供有效的教学策略和方法，帮助其提高教学效果。例如，如果评估结果显示，通过使用某种教学方法，学生的语言能力得到了显著的提升，那么教师就可以将这种方法作为最佳方法，推广到其他的教学场景中。

第六章　数字化时代语言资源在语言教育中应用的创新发展

在第五章中，笔者深入探讨了数字化时代语言资源在语言教育中的实践应用。第六章将在前一章的基础上，进一步探讨数字化时代下语言资源在语言教育应用的创新发展。这一章将聚焦于未来的挑战与机遇，揭示现代技术如何推动语言资源的创新利用，以及这些创新如何为教育带来新的突破和变革。

在本章中，笔者先审视现有的创新实践和突出成就，梳理出未来语言资源发展的主要方向和焦点；之后深入研究新兴技术对语言资源建设和应用可能带来的影响，如人工智能、大数据分析等在语言教育中的潜在运用；最后探索如何培养新一代教育工作者，以适应和推动这一领域的创新发展。本章的核心目的在于激发对未来语言资源在语言教育中的创新应用的思考，寻找新的突破口，并为教育工作者和决策者提供创新路径和实施策略，共同推动语言教育进入一个更为精准、智能和人性化的新时代。

第一节　努力提高语言资源的品级与价值

一、提高语言资源的质量

在语言教育中，语言资源的质量是影响学习效果的关键因素。高质量的语言资源通常指内容准确性、完整性、适用性高的语言资源。高质量的语言资源能够提供准确、丰富且多样化的语言信息，有助于提升学生的学习效率并增强学生的语言理解与表达能力。因此，必须采取有效策略来提升语言资源的质量。

（一）提高语言资源质量的重要性

语言资源的质量对其在语言教育中的应用效果起着决定性的作用。例如，一个高质量的词汇数据库，不仅提供单词的正确拼写和基本含义，还提供了用法示例、近义词、反义词等信息，甚至包括词源和文化背景等深度信息，有助于学生全面、深入地理解和记忆单词，提高词汇学习的效率和效果。

而低质量的语言资源可能包含错误的信息，可能会误导学生，使学生产生困扰，甚至产生错误的语言认知和使用习惯。例如，一个错误的语法规则说明或者一个词义解释不准确的词典，可能会使学生产生误解，学习了错误的语法规则或者词义，这不仅会降低学习效果，还可能需要花费更多的时间和精力来纠正错误，增加了学习的困难度。

（二）提高语言资源质量的主要策略

相关人员可采取以下策略来提高语言资源的质量：首先，加强语言资源的审核和校对是提高语言资源质量的基础步骤。这一环节确保了语言资源的准确性和完整性，是语言资源质量提升过程的关键。这里可以采用专家审核、用户反馈、自动校对等多样化手段。专家可利用语言学和教育学领域的专业知识对资源进行深入审查；用户可定期进行反馈，让相关人员从使用者角度发现问题，实现资源的及时调整；自动校对借助计算机技术对大量资源实现快速高效的校对。其次，增加语言资源的深度和细致度，进一步提升其丰富度和多样性。这一步骤的关键在于通过增加语境信息、语用信息、文化信息等，使语言资源更加立体生动。语境信息的增加有助于学生理解语言的实际使用情境；语用信息的引入可以让学生更好地把握语言的实际用法；而文化信息的引入可以让学生深入理解语言背后的文化背景。

最后，引入更先进的技术是提升语言资源质量的另一重要方向。人工智能和大数据技术的应用不仅可以提升资源的智能性，还可以增强其适应性，使之更能满足个性化和动态化的学习需求。使用智能生成技术可以实现自动化的语言资源生产，如自动生成新的词汇卡片和练习题目，从而显著提高资源的生产效率。智能推荐技术则可以根据学生的学习历程和个人化需求推荐合适资源，增强学习效率和满意度。

（三）提高语言资源质量产生的效果和影响

提高语言资源的质量在语言教育中产生的效果和影响是深远且全方位的。其具体内容如下：

首先，对于学生的学习效果，高质量的语言资源起到了显著的促进作用。这些优质资源能够提供更准确、更丰富和更有针对性的学习内容，从而显著提高学习效率。而且，高质量的语言资源能够吸引学生的注意力，激发学生的学习兴趣和动力，使学生更加愿意投入时间和精力进行学习。因此，从学生角度来看，高质量的语言资源不仅提升了学习效率，更增强了学习体验，使学生更容易理解和掌握新的词汇和表达方式。

其次，在教学效果上，高质量的语言资源同样起到了关键作用。对于教师而言，这些资源是更有效、更便捷、更灵活的教学工具。它们满足了教师对个性化和创新性教学需求的追求，使教学过程更为顺畅。教师可以根据学生的具体情况和需求灵活调整教学策略，从而提高教学效果。

最后，在长远发展方面，提高语言资源的质量有助于推动整个语言教育

领域的创新和进步。优质的语言资源不仅是教学的重要工具，更是推动教育理念和方法创新的关键因素。同时，高质量的语言资源对于学生、教师乃至整个社会的语言观念具有积极的塑造作用，能够提升语言教育的社会地位和影响力。

综合来看，提高语言资源质量在学生学习、教学过程和整个语言教育领域的长远发展上都产生了深远的影响。它改善了学习和教学体验，提升了教学效率，丰富了教学方法和理念，塑造了积极的社会语言观念，进而推动了语言教育的持续创新和全面提升。每一个环节都是相互关联的，共同作用在提升语言资源的质量上，从而实现更广泛的教育目标。这一复杂而有层次的过程凸显了提升语言资源质量的重要性和必要性，是未来语言教育发展的重要方向。

二、提高语言资源的多样性

语言资源的多样性是评价语言教育质量的重要指标之一。其反映了语言学习的广度和深度，也影响了学习者的学习兴趣和学习效果。

（一）提高语言资源多样性的重要性

提高语言资源多样性在语言学习和教学过程中的重要性表现在以下几个层面：

首先，多样性的语言资源能够满足学习者的多样化需求。每个学习者都具有独特的学习风格、兴趣和目标，这些因素构成了个体的学习需求和期望。通过提供多样化的学习方式和内容，可以为学习者提供广阔的选择空间。无论是偏向阅读和写作的学习者，还是偏向倾听和交流的学习者，都能在丰富多样的资源中找到适合自己的学习内容。这种灵活的选择机制有助于提高学习效果和满意度，使每个学习者都能按照自己的兴趣和节奏探索和发展。

其次，提高语言资源的多样性促进了语言的全面学习。语言是一个复杂的系统，既包括基础的词汇和语法结构，也包括高级的语境、语用和文化因素。多样性的语言资源提供了全方位、多角度的学习素材。学习者可以通过这些资源理解和掌握语言的各个层面，形成深入的语言认知，从而提升自己的综合语言能力和素养。这种全面性的学习过程有助于培养学习者的批判性思维和创造性能力，使他们能够更灵活、更深入地运用语言。

最后，提高语言资源的多样性有助于促进教育的包容性和公平性。每个学习者的背景、兴趣和能力都存在差异，单一的教学资源可能导致部分学习者的需求被忽略。而多样性的语言资源可以更好地平衡各种需求，确保每个学习者都能在教学过程中得到充分的关注和支持。这样不仅有助于实现个体化的教学目标，还有助于构建更加公平、更加包容的教育环境。

综上所述，语言资源的多样性不仅反映了教学的灵活性和多元化，还强调了教学的全面性和公平性。它考虑了学习者的个体差异，提供了丰富的学习内容和方法，促进了语言的深入学习和理解，也有助于实现更加公平和包容的教育目标。这一复杂而有层次的过程凸显了提高语言资源多样性的重要性，为语言教育的创新和提升提供了新的方向和机遇。

（二）提高语言资源多样性的主要策略

提升语言资源多样性的策略如下：

首先，相关人员在资源的收集和制作阶段就应注重多样性。在收集语言资源时，相关人员应尽可能地覆盖多种语言类型，如口语、书面语等。同时，相关人员应关注多种语言风格，如正式和非正式的风格、技术性和非技术性的风格。此外，相关人员还需要考虑多种语言主题，如科学、艺术、历史、日常生活等。这样，相关人员收集的语言资源就会涵盖语言的各个方面，从而提供丰富多样的学习内容。在制作语言资源时，相关人员需要提供多种资源格式。这包括文本、音频、视频等，它们可以适应不同的学习方式和学习环境。同时，相关人员需要提供多种资源类型，如词典、语料库、教材、练习题等。这些不同类型的资源可以满足学习者在语言学习的各个阶段和各个方面的需求。此外，相关人员还需要提供多种资源级别，如初级、中级、高级等。这样提供的语言资源就能适应不同学习者的水平，从而提供个

性化的学习内容。在提升语言资源多样性的过程中，用户的参与是非常重要的。相关人员应该鼓励和支持用户参与资源的生成和分享。用户具有丰富的经验和独特的视角，他们可以创造出新颖而多样的语言资源。同时，用户的参与可以增加语言资源的活力和实用性，使其更能贴近实际的学习需求和学习情境。

其次，相关人员可以利用现代科技，如人工智能和大数据技术，来提升语言资源的多样性。通过自动化生成和推荐系统，可以提供个性化和动态化的语言资源。例如，相关人员可以使用人工智能技术来自动生成多样化的学习内容和学习任务，或者使用大数据技术来推荐符合学习者兴趣和水平的语言资源。这样提供的语言资源就能更好地适应学习者的个性化和动态化的学习需求，从而提升他们的学习效果和学习满意度。

（三）提高语言资源多样性产生的效果和影响

提高语言资源的多样性不仅可以优化学习体验，也有可能带来更深远的影响，如提升了学习者的学习满意度和学习效果。每个学习者都有独特的学习风格、学习兴趣和学习目标，而多样性的语言资源能够提供更多的选择，使学习者能够找到最适合自己的学习资源，从而提升他们的学习兴趣和学习效率。此外，多样性的语言资源可以提供多元化的学习内容，使学习者能够从多个角度和多个层次理解和掌握语言，从而进一步提升学习效果。

提高语言资源的多样性也有助于推动教学方法和教育理念的创新。在教学过程中，教师需要根据学习者的需求和情况选择合适的教学资源和教学方法。多样性的语言资源可以提供丰富的教学材料和教学灵感，使教师有更多机会去探索和实践更多元化、更个性化的教学方法。这样，不仅可以提升教学效果，也可以推动教学创新，从而实现教育的个性化和多元化。

提高语言资源的多样性还可以提升语言教育的影响力和价值。在现代社会，语言教育不仅要传授语言知识和技能，也是传播文化、价值观和世界观的重要途径。多样性的语言资源可以提供多元化的语言视角和语言体验，有助于学习者更好地理解和体验不同的文化，从而提升语言教育的社会认知度和社会影响力。同时，提供多样性的语言资源，有助于培养学习者的全球视野和跨文化交际能力，从而提升语言教育的社会价值。总的来说，提高语言资源的多样性是一个具有深远影响的过程，它既可以优化个体的学习体验，也可以推动教育的创新和发展，从而实现教育的全面提升和社会价值的提升。

三、提高语言资源的可用性

在数字化时代，提高语言资源的可用性变得尤为重要。语言资源的可用性指的是语言资源的易获取性和可操作性，它对于促进语言交流、推动语言学习和促进语言技术的发展具有重要意义。

（一）提高语言资源可用性的重要性

在数字化时代，语言资源的可用性成为一个关键因素。提高语言资源可用性的重要性体现在以下方面：

首先，提高语言资源的可用性有助于促进全球语言交流。在信息时代，人们对于跨语言交流有着迫切需求。而提高语言资源如语料库、词典等的可用性，可以使翻译工具和语音识别系统等语言技术更加精确和高效。例如，可以使来自不同文化和语言背景的人们无障碍地交流，推动了多元文化的融合。这种便捷的交流方式不仅打破了语言壁垒，还加深了人们之间的理解和信任。

其次，提高语言资源的可用性对于个人和群体的语言学习具有深远影响。在数字化环境下，语言学习不再受限于传统课堂。在线课程、语言学习应用和社交媒体等为学习者提供了自主、灵活的学习途径。语言资源可用性的高低决定了学习者是否能充分利用这些先进工具，以适应个人的学习节奏和兴趣，从而更高效地提升语言能力。这一点对于那些远离教育资源中心的学习者来说更具价值，为他们提供了新的学习机会。

最后，提高语言资源的可用性对于语言技术的创新和发展起到了推动作用。现代语言技术，如自然语言处理、机器翻译等，需要大量的高质量语言

资源进行训练和测试。如果这些资源难以获取或使用，将严重阻碍技术的发展。相反，则为研究者和工程师提供了更广阔的实验基础，推动语言技术的突破和应用。

综上所述，语言资源的可用性在当前社会的语言交流、教育和科技方面具有关键的地位。它不仅促进了人们之间的沟通与理解，拓宽了学习的渠道，还推动了科技的创新和发展。

（二）提高语言资源可用性的主要策略

提高语言资源的可用性是一个复杂而多层次的任务，涉及技术、社会、文化和教育等多个方面。以下是一些主要的策略，旨在构建更加便捷、高效和包容的语言资源环境。

1. 改变语言资源的格式

将文本、音频、视频等形式的语言数据转换为数字格式，并提供在线访问功能，确保人们可以随时随地获取和利用这些资源。这样不仅提高了资源的可访问性，还方便了资源的共享和更新。例如，构建在线语料库、电子词典和学习平台等，使学习者、研究者和专业人士都能便捷地接触到所需的资源。

2. 制定和推广统一的语言资源标准

相关人员可通过标准化的数据格式、元数据规范和命名规则来促进语言资源的高效管理和使用。例如，制定应用数据交换协议，提高语言资源的可重用性和整合性。

3. 鼓励用户参与语言资源的全周期管理

从创建、更新到评价，用户的参与能够使资源更加贴近实际需求和文化背景。

4. 维护开放和协同的生态系统

促进各方——政府、学校、企业、社区等协同工作，以提高语言资源的可用性。通过制定明确的政策、提供足够的投资、建立合作机制等，形成提高语言资源可用性的正向循环。

总体而言，提高语言资源的可用性不仅是一个技术问题，更是一个涉及多方利益和需求的社会问题。通过运用上述策略，能够建立更加开放、公平和创新的语言资源环境，满足不同人群的学习、交流和发展需求，从而推动全球语言发展和人类文明进步。

（三）提高语言资源可用性产生的效果和影响

提高语言资源的可用性对于语言交流、语言学习和语言技术的发展都产生了深远的影响。

提高语言资源的可用性使得人们可以更轻松地进行跨语言交流。通过在线语料库、翻译工具和语音识别系统等可用性较强的语言资源，人们更容易理解和表达不同语言的内容。这有助于打破语言壁垒，促进不同语言社群之间的交流与合作，推动全球化时代的跨文化交流。可用性较高的语言资源为语言学习者提供了更多的学习资源和工具。通过在线学习平台、电子词典和语法工具等，学习者可以随时随地获取与目标语言相关的学习资料和练习资源。这不仅丰富了学习者的学习体验，还提高了其学习效率和学习效果。可用性较好的语言资源也为教师提供了更多的教学资源和工具，帮助他们更好地设计和实施教学计划，以提高教学效果。

语言技术需要大量的语言数据来训练和优化模型，提高其性能和精度。通过提高语言资源的可用性，可以为语音识别、机器翻译、自然语言处理等语言技术的创新和改进提供更广泛的基础。这将进一步推动语言技术在各个领域的应用，提高人机交互的效率和质量。

第二节　提升人工智能中的语言智能技术

第一节专注于努力提高语言资源的品级与价值，详细阐述了提高语言资源多样化、可用性等方面的重要性，并提出了一系列策略和方法。这些努

力不仅推动了语言教育和交流的发展，也为语言技术的创新提供了坚实的基础。

然而，语言资源的价值远不止于此。随着人工智能的飞速发展，如何充分挖掘和利用语言资源，将其转化为智能服务和产品，已成为当前的新挑战和新机遇。因此，第二节将重点探讨如何通过优化和整合语言资源，提升人工智能中的语言智能技术，实现语言资源的高效利用和价值创造。

一、语言智能技术的现状和挑战

本部分主要介绍语言智能技术的定义和发展概况、主要挑战以及其应对策略。通过深入了解语言智能技术的现状和挑战，可以为进一步提升语言智能技术的功能做好准备。

（一）语言智能技术的定义和发展概况

语言智能技术旨在利用人工智能和自然语言处理技术，使计算机能够理解、生成和处理人类语言。这项技术的发展可以追溯到20世纪50年代，随着数据量的增加以及深度学习的兴起，语言智能技术取得了显著的进展。

最初，语言智能技术主要采用基于规则的方法。这种方法依靠人工编写的规则和语法来处理语言，但由于语言的复杂性和多义性，其覆盖范围和准确性有限。随着机器学习技术的发展，机器学习成为语言智能技术的主流方法。通过大规模语料的训练和建模，机器学习算法可以从数据中学习语言的模式和规律，从而实现自动的语言处理和生成。而深度学习技术的兴起极大地推动了语言智能技术的发展。深度神经网络模型如循环神经网络（RNN）、长短时记忆网络（LSTM）和转换器（Transformer）等，具备处理语言序列和语义表示的能力。这些模型通过大规模的训练数据和端到端的学习方法，在机器翻译、语音识别、情感分析等方面取得突破性成果。除了在自然语言处理领域的应用，语言智能技术还在虚拟助手、智能客服和自动问答系统等人机交互领域得到了广泛应用。语言智能技术的发展也为自动化翻译、语音合成、语言生成等领域带来了更高的效率和准确性。

（二）语言智能技术的主要挑战

语言智能技术面临的主要挑战是语义理解和推理方面准确性不高。尽管语言模型在处理日常语言交流方面取得了显著进展，但仍面临着理解复杂语言表达的挑战。语言具有上下文依赖、多义性和歧义性等特征，这给语义理解和推理带来了一定的困难。当前的语言智能技术在处理复杂语义关系、进行逻辑推理上存在一定的局限性。

另一个重要挑战是在处理不同文化背景下的语言表达时存在差异。这是因为每种语言都有其独特的语法、语义和表达方式。

隐私和安全问题也是语音智能技术面临的挑战之一。随着语音助手和语音数据的广泛应用，个人隐私和数据安全成为关注的焦点。语音助手需要收集和分析用户的语音数据，以提供个性化的语言交互服务。

（三）挑战的应对策略

挑战的应对策略如下：第一个策略是加强对语义理解和推理的研究。具体而言，要深入研究和开发新的算法和模型，促使语言模型更加深入地理解复杂语义关系和推断问题。这可能涉及更精确的语义表示方法、更复杂的推理机制，以及更高的上下文建模能力。通过加强对语义理解和推理的研究，提高语言智能技术的理解和逻辑推理能力，从而更好地处理复杂的语言交流。第二个策略是加强跨语言和跨文化的研究，提高语言智能技术在不同语言和文化背景下的适应性和效果。语言是不同文化和社会群体之间交流和理解的重要工具，因此语言智能技术需要能够处理不同语言和文化之间的差异。这包括翻译技术的改进，以提高跨语言交流的质量和效率。此外，还需要关注文化差异对语言理解和表达的影响，以确保语言智能技术在不同文化背景下的准确性和文化敏感性。通过加强跨语言和跨文化的研究，使语言智能技术更好地适应多样化的语言和文化需求，促进跨文化交流和理解。第三个策略是加强个人隐私和数据安全保护。这包括数据加密、访问控制、数据匿名化和安全传输等技术的应用，以确保用户的语音数据在收集、存储和传输过程中得到充分的保护。通过加强个人隐私和数据安全保护，构建可信的

语言智能技术应用环境，提高用户对语言智能技术的信任和接受度。

二、提升语言智能技术的主要途径

语言智能技术的不断发展对于实现自然、智能的语言交互具有重要意义。为了提升语言智能技术，相关人员要采取多种途径。其中包括提升语言智能技术的性能、提升语言智能技术的适应性和可用性，以及提升语言智能技术的开放性和普适性。通过这些途径，推动语言智能技术的发展，获得更加生动的语言交互体验。

（一）提升语言智能技术的性能

提升语言智能技术的性能是提升语言智能技术的关键之一。以下是一些具体的方法和策略，可以用来增强语言模型的性能。

深入研究和应用深度学习和神经网络等先进的机器学习方法，为提升人工智能中的语言智能技术提供基础。其中，深度学习技术以其复杂的神经网络结构，在语言智能领域取得了显著的突破。借助循环神经网络（RNN）和长短时记忆网络（LSTM）等先进模型，人们可以更精准地处理语言序列数据，更好地学习和表示复杂的语义关系和语法结构。这一重要进展不仅提高了语言理解和生成的准确性，也为后续的研究和开发提供了丰富的灵感和可能性。

同时，可利用大规模语料库和数据集来训练和优化语言模型。作为提升语言智能技术性能的重要驱动因素，大数据时代下的大规模语料库和数据集为语言模型的训练提供了前所未有的便利和资源。通过使用大规模的语言样本和语境信息，语言模型的泛化能力得以显著提升。同时，合理地选择训练数据，去除其中的噪声和错误，变得尤为关键，它直接关系到语言模型的质量和可靠性。

此外，语境和先验知识的引入也为语言智能技术的发展注入了新的活力。语言的含义和解释往往与特定的上下文和语境紧密相连，因此将这些重要信息纳入语言模型的训练和优化过程至关重要。借助外部知识图谱和语言资源，如 WordNet、Freebase 和语言资源框架等，人们可以丰富语言模型的语义信息和背景知识，从而提高语言模型在语义推理方面的准确性。

除了先前提及的方法和策略，提升语言智能技术的性能还可以通过以下技术手段来实现。

1. 损失函数改进

损失函数是衡量模型预测与真实结果差异的标准，通过改进损失函数的设计，如引入更适合特定语言任务的损失度量，可以使模型更精准地捕捉到语言的细微特性，进而提高模型的收敛速度和泛化能力。

2. 优化算法的调整

优化算法是决定模型如何学习的核心部分。针对不同的语言处理任务，选择合适的优化算法，如使用自适应学习率的 Adam 优化器，可以更快地找到解决问题的最佳模型参数。

3. 正则化技术的运用

正则化技术可以防止模型过拟合训练数据，对于复杂的语言模型尤为重要。例如，在文本分类任务中应用 Dropout 层，可以在不损失模型复杂度的同时，增强其对未见样本的预测能力。

4. 先进技术的结合

结合注意力机制、记忆网络和多任务学习等先进技术，可以提高模型的表现力和适应性。以机器翻译为例，引入注意力机制可以使模型更好地捕捉源语言和目标语言之间的对应关系，从而生成更自然和准确的翻译。

通过这些技术手段，不仅能够更精准地定制和优化语言模型，还能使其在不同的任务和场景中展现出更卓越的性能。这些实例充分说明了，通过对模型结构和参数的精心调整和优化，语言智能技术的发展将更加稳健和高效。

（二）提升语言智能技术的适应性和可用性

提升语言智能技术的适应性和可用性是提升语言智能技术的关键策略之一。用户体验是决定技术可用性的重要因素之一。通过优化界面设计和交互方式，使用户能够直观、简便地与语言智能技术进行交互。例如，采用自然语言输入、图形化界面、语音交互等方式，使用户能够更自然地表达和获取信息。此外，及时反馈和提示、智能纠错等功能也可以提高用户对技术的满意度和使用效果。

个性化推荐和定制化服务是提高技术适应性和可用性的有效策略。每个用户的需求和偏好都有所不同，因此提供个性化的语言处理和交互服务可以更好地满足用户的需求。通过分析用户的历史数据、行为模式和偏好，可以提供个性化的推荐和定制化的服务。例如，根据用户的兴趣爱好，推荐相关的资源；根据用户的语言能力和学习进度，提供个性化的语言学习辅助功能等。通过个性化推荐和定制化服务，可以提高用户的满意度和使用体验。

通过多模态的技术应用也可以提升技术的适应性和可用性。语言智能技术可以与其他技术手段融合起来，实现多模态的交互。通过结合多模态信息，提供更全面、丰富的语言处理和交互体验。例如，将语音识别与图像识别相结合，实现对图像中文本的语音描述；将手势识别与语言生成相结合，实现通过手势控制语言生成指令等。多模态的技术应用可以增强用户与语言智能技术之间的交互感受和互动效果，提高技术的适应性和可用性。

（三）提升语言智能技术的开放性和普适性

提升语言智能技术的开放性和普适性是推动语言智能技术发展的重要策略。语言资源是语言智能技术发展的基础。通过共享语言数据集、语料库、词典和语言模型等资源，可以促进技术的共同进步。研究机构、开发者和语言社群可以共享他们的研究成果和技术成果，从而加速语言智能技术的发展。

开放技术接口与平台以及开展开放性的评估与竞赛活动在推动语言智能技术发展方面起着关键作用。通过提供开放的 API（应用程序接口），使得各种与语言相关的应用和服务得以孕育和发展。同时，开放的技术接口使得语言智能技术能够迅速渗透到更广泛的应用领域中，如客服自动化、教育辅助等，大大丰富了技术的应用场景。开放接口和平台有助于各种技术的整合和集成，打破了信息孤岛，使不同系统和平台之间的数据共享和集成成为可能，从而提高了整个语言技术生态的可用性和普适性。

通过评估和竞赛活动，研究机构和开发者有机会在一个公开、公正的平台上展示和比较其技术性能。这样的健康竞争促使各方持续改进和创新，进而推动整个领域的快速发展。此外，开放性竞赛也能推动行业标准的设立和完善，为未来技术的发展指明方向。

三、语言智能技术提升的效果和影响

（一）技术提升的实际效果

提升语言智能技术能够提高机器翻译的准确性和流畅性。过去的机器翻译系统常常存在翻译错误和不连贯的问题，而随着语言智能技术的发展，采用深度学习和神经网络等方法，翻译质量得到了明显的提升。现在的机器翻译系统能够更准确地捕捉语义和语法信息，生成更自然、通顺的翻译结果，大大促进了不同语言之间的交流和理解。

提升语言智能技术可以改善智能语音助手的性能和用户体验。语音识别技术的进步使得语音指令和语音交互变得更加准确和可靠。用户可以更自然地通过语音与智能语音助手进行交流，进行搜索、提问、控制智能设备等操作。此外，语音合成技术的提升也使得智能语音助手的回应更加自然、具有情感色彩，增强了用户与系统之间的交互感受。这些技术的提升改善了智能语音助手的性能，使得用户可以更方便地获取所需信息。

除了在机器翻译和智能语音助手领域的应用，语言智能技术的提升还在智能问答、文本生成、情感分析等方面展现了实际效果。智能问答系统通过深度学习和知识图谱的应用，能够准确回答用户的问题，提供准确的信息和解决方案。文本生成技术的提升使得生成的文本更加自然、连贯。情感分析技术的进步使得计算机能够自动识别和理解文本中的情感倾向，有助于在舆情监测、社交媒体分析等领域进行情感分析和用户情绪监测。

（二）技术提升对语言教育的影响

技术提升对语言教育的影响深远，开创了语言学习新时代。通过智能化的语言学习平台和个性化的辅助工具，学习者可以获得更为高效和个性化的支持。与传统教育方式相比，这种智能辅助方式大大增强了语言学习的效率和便捷性。例如，智能平台能够提供丰富的学习资源，帮助学生自主学习，提供定制化支持。这样的学习方式不仅有助于学生掌握语言知识和技能，还能增进学生与计算机的互动沟通经验。例如，通过虚拟语言交互和智能问答系统，学生可以提高口语表达能力，增加语言实践机会。

技术的提升还突破了传统教育的界限，实现了教育的个性化和精细化。教学中不再局限于固定的教学内容和进度，教师可以根据学生的学习需求和特点进行灵活调整。智能系统通过分析学习者的数据和表现，定位其弱点和需求，并提供相应的教学资源和策略，使得每个学生都能够得到个性化的关注和支持。

技术提升还促进了跨文化交流和理解。语言智能技术消除了语言障碍，更有助于学生了解和学习不同的语言和文化。通过机器翻译和跨语言交流的工具，学生可以与全球的学习者进行交流和合作，培养国际视野和跨文化交流能力，为未来全球化的竞争做好准备。

此外，技术提升还促进了教育资源的共享和教育公平。优质的教育资源可以通过智能平台进行共享，不再局限于特定地区和学校，有助于缩小城乡、地区之间的教育差距。同时，对特殊人群，如视障和听障人士，智能技术可以提供特定的支持，确保每个人都能享受到公平的教育机会。

综合来看，技术提升所带来的变革，不仅局限于提高语言学习的效率和便捷性，还在教学内容、教学方法、教育公平、特殊人群支持等方面带来了深远的影响。从个体的学习效果提升到社会整体的教育公平，都展示了当代教育的新可能和新未来。

（三）技术进步对未来发展的影响

技术进步对未来发展的影响深远而广泛。随着语言智能技术的不断完善和提升，它将在科技和商业等领域中扮演越来越关键的角色。例如，在智能客服方面，语言智能技术能够通过更精确和高效的方式提供客户服务，从而实现自动化的问题解答和交互处理。在虚拟助手方面，通过与用户自然对话的能力，可以为他们提供更个性化和符合需求的服务。此外，自动化翻译系统通过实时和准确的语言转换，极大促进了跨语言和跨文化的交流与合作。这些技术的发展不仅推动了科技和商业领域的创新与发展，还为人们的日常生活带来了前所未有的便捷和新体验。总的来说，技术提升将会改变人们与世界互动的方式，创造出新的机会和可能，引领未来的方向和趋势。

语言智能技术的提升使得人类与机器之间的语言交流变得更加自然、智能化。随着技术的进一步发展，人们可以看到更多智能化的语言交互方式出现，如更高级的语音识别和语音合成技术。这将推动人机交互界面的创新，使得人们可以更直观、自然地与机器进行语言交流。同时，语言智能技术的提升将促进人工智能技术在语言处理和理解方面的发展，促使智能系统的语言理解和生成能力提升。

技术的不断进步正促成语言智能技术与其他先进领域的交融与革新。在增强学习和深度学习技术的支撑下，更聪明、更具适应性的语言模型和对话系统正在逐渐成形。计算机视觉与自然语言处理的结合正开辟了一条更为全面和多模态的语言理解与生成的新途径。与此同时，知识图谱和语义网络的融合更是让语义理解和推理的层次变得更丰富、更深入。这些交融与创新不仅在推动语言智能技术的边界扩展，更在促使更高级别、更复杂的语言处理和交互成为可能。总体来看，这一进程象征着人类在探索和理解自然语言这一复杂现象方面的又一重大飞跃，预示着未来将有更多前所未有的应用等待着人们去发现和创造。

第三节　丰富语言资源在语言教育中的应用模式

本节深入分析如何丰富语言资源在语言教育中的应用模式。其主要内容包括现有应用范围与挑战分析、应对策略与创新路径、预期效果与未来影响。

一、现有应用范围与挑战分析

在现今的语言教育中，语言资源的应用已逐渐扩展到各个方面，包括教学辅助、自主学习平台等。尽管其取得了一定的进展，但仍存在一些明显的挑战。例如，如何确保资源的广泛覆盖，如何提高资源的质量和兼容性，如何增加个性化学习体验等。其意味着人们必须对现有的应用模式进行深入分析，寻找问题的根源，并思考如何有效地解决这些问题，以更好地推动语言资源在教育中的全面应用。

（一）现有应用的概述

语言资源在当前的语言教育中发挥着重要作用，为教育者和学习者带来了许多便捷的学习方式和方法。其主要内容如下：首先，对于词汇学习来说，语言资源提供了良好的学习环境。通过各种在线词典和互动学习平台，学习者可以深入理解词汇的意义、用法和语境，同时能够进行实时的练习和检验。这些平台常常配备了智能算法，能够根据学习者的进展和需求调整教学内容。其次，在发音练习方面，语言资源也展现了其独特的优势。通过虚拟语音助手和语音识别技术，学习者可以模仿、练习并获得及时的反馈，助力准确的发音和语调掌握。一些先进的系统甚至能够捕捉微妙的语音细节，帮助学习者纠正具体的发音错误。另外，语言资源也被广泛应用于语法和写作教学。通过构建具有代表性的语料库和示例句子，教育者可以更生动、直观地解释复杂的语法规则。学习者则可以通过自动化的写作辅助工具进行实时的练习和修正，从而提高写作能力。在听力理解方面，语言资源提供了丰富的音频和视频素材，这些素材涵盖了不同风格、主题。学习者可以通过自适应的在线平台选择合适的素材进行练习，配合智能化的问答系统，培养深入的听力理解能力。此外，语言资源还促进了文化交流，提供了多元化的学习体验。通过虚拟现实（VR）和增强现实（AR）技术，学习者可以身临其境地体验不同文化和语境，增进对语言背后文化的理解和欣赏。

（二）挑战分析

在更广泛和深入地应用语言资源的过程中，虽然取得了一些进展，但仍然面临许多挑战：第一，技术限制。尽管现代技术的快速发展使得语言资源的应用范围不断扩大，但技术局限仍是一个重要挑战。例如，虚拟语音助手的语音识别可能并不总是精确，尤其是在处理方言或特殊口音时，还需要进一步完善，以适应不同学习者的特殊需求。第二，传统教育观念的束缚也是一大挑战。在许多教育环境中，传统的教学方法和观念仍然占据主导地位。对于新技术和教学手段的抗拒和不理解可能会阻碍语言资源的广泛应用。教育者和学习者可能需要时间来适应并接受这些新的教学工具。第三，资源不均等分配是一个严重问题。语言资源的开发和维护需要相当的资金和人力支持。在一些地区和学校，由于资源有限，可能无法获得最先进的教学工具和内容。这种不均等的资源分配可能会导致教育质量的不平等，进一步加剧社会的教育鸿沟。第四，隐私和安全问题也不能忽视。在线学习平台和个性化学习工具会收集学习者的个人信息和学习数据。如何保护这些信息的安全，防止滥用或泄露，是一个复杂且敏感的问题。第五，教育质量的监控和评估也是一大挑战。随着语言资源的广泛应用，如何确保教育质量和效果成了重要问题。对此，相关人员需要研发有效的评估和监控机制，确保新技术和方法不仅增加了教育的趣味性，也提高了学习效果。同时，相关人员需要注意到多元化和文化敏感性。语言不仅是沟通工具，也是文化的载体。在开发和使用语言资源时，必须充分考虑到文化多样性和敏感性问题，确保教学内容和方法既全面又具有包容性。第六，新技术的引入需要教师具备相应的技能

和知识，这也是一个需要重点解决的问题。

二、应对策略与创新路径

在面对更广泛和深入应用语言资源的挑战时，不仅要进行深入的分析和认识，还要积极寻找解决方案和创新路径。这涉及多个层面的综合考虑，包括技术创新、教育改革、资源分配、隐私保护、质量评估等方面。对于各类挑战，都需要制定相应的应对策略和方案，以确保语言资源能够在教育中更好地发挥作用。通过这些有针对性的努力，可以促进语言资源在语言教育中的实际应用，为未来的发展奠定坚实基础。

（一）教育应用模式的创新

教育应用模式的创新是将语言资源成功融入现代教育的关键所在。这一创新不仅体现了教育技术的进步，更体现了现代教育理念的转变。在传统的语言教学中，教师通常依赖教材，以固定的教学进度推进课程。然而，随着教育技术的发展，尤其是大数据和人工智能的运用，教育模式也逐渐发生变革。

将语言资源与现代教育理念和技术相结合，可以生成更灵活、个性化的教学方式。例如，教师可以使用语言资源库中的大量文本和音频资源，根据每个学生的学习进展和兴趣制订个性化的学习计划。通过对学生学习行为和成绩的分析，可以提供及时、有针对性的反馈和指导，有助于培养学生的自主学习能力和批判思维。

将虚拟现实和增强现实等技术与语言资源相结合，可以为学生提供更生动、真实的语境练习，增强语言学习的沉浸感和趣味性。这样的应用模式突破了传统课堂教学的时空限制，让学生在任何时间、任何地点都能进行有效的语言学习和练习。

同时，这一创新促使教师的角色发生变化。在新的教育模式下，教师不再是知识的单一传递者，而是成为引导者和协助者。他们通过与学生互动，鼓励学生主动探索和思考，以培养学生的综合素质和创新能力。

（二）新技术的利用

新技术的利用在拓展语言资源的应用范围方面具有重大意义。例如，人工智能和大数据技术的结合可以使语言教育变得更加智能化、个性化，从而为学生提供更为丰富和多样化的学习资源。

人工智能可以通过机器学习算法分析学生的学习行为和成绩，精准地了解每个学生的学习需求和兴趣。这样，教师可以根据这些分析结果为每个学生提供定制化的学习计划和资源，确保教育资源的最优分配和利用。

大数据技术允许教育者从海量的文本、音频和视频中提取和分析信息。通过对这些数据的分析，可以发现语言学习的新趋势和潜在需求，从而及时更新和扩展教学内容和方法。例如，大数据可以用于分析不同地区、不同文化背景学生的学习习惯和偏好，进而优化课程设计，使之更符合不同学生群体的实际需求。

新技术还可以促进虚拟现实和增强现实等先进技术在语言教育中的应用。通过创建虚拟的语言环境，学生可以在具体情境中进行语言练习，这样不仅增强了学习的趣味性，也提高了学习的效果，还让那些地域偏远或资源有限的学生能够接触和利用高质量的教育资源。

新技术的应用还有助于构建开放的教育资源体系。通过云计算和物联网技术，语言资源可以更方便地共享和传播，使更多的学生和教育者受益。

（三）社会需求与发展趋势的结合

社会需求与发展趋势的结合在语言资源应用中起着核心作用，使语言教育更具针对性和实效性。随着全球化进程的加快，语言作为沟通和交流的工具，变得愈发重要。因此，人们对于语言能力的需求也在不断增长，不仅仅限于基本的沟通能力，还包括文化交流等高级语言技能。

在这样的背景下，语言教育应调整教学内容，并且关注现实社会需求。例如，商务英语、法律英语等特定领域的语言教育成为许多职场人士提升自身竞争力的必备技能。教育者应充分了解这些特定领域的需求，设计和提供与之相匹配的教学内容和方法。

随着科技的迅速发展，新的交流和学习平台不断涌现，人们获取和使用语言资源的方式也在发生变化。移动互联网、社交媒体等新兴技术使得语言学习不再受限于课堂，而是可以随时随地进行。这就要求教育者不仅提供传统的教学资源，还要开发有效的学习工具和内容。

随着国际交流和合作的不断增多，多语种的学习和应用也变得越来越重要。这不仅体现在商业活动中，也反映在文化、科研等多个层面。因此，教育者需要根据国际化的趋势，增加对非主流语种的教育资源开发和教学，以满足多元化的学习需求。

三、预期效果与未来影响

随着语言资源在教育中应用的深入，其预期效果和未来影响的讨论变得尤为重要。本部分阐述语言资源应用对未来语言教育和语言资源建设所可能产生的深远影响，为未来语言教育的发展提供指导和启示。

（一）预期效果

预期效果的实现是衡量创新和实践成果的关键标准。在语言资源在教育中的应用方面，采取上述措施后，可达到的效果体现在多个方面。

通过与现代教育理念和新技术相结合，可以为学生提供更广泛和多元化的学习资源。在学习中，学生可以根据自己的学习目标、兴趣和能力选择适合自己的学习材料和路径。例如，基于大数据和人工智能的个性化学习推荐系统可以分析学生的学习习惯和能力，推送合适的学习内容和练习，从而实现真正的个性化学习。

实际需求和发展趋势的结合，使教育不再局限于传统的语言学习，而是向培养学生的综合素质和批判性思维能力延伸。通过与现实社会问题的连接，使学生在解决实际问题的过程中锻炼自己的创造力、沟通能力和协作能力。

语言资源的拓展应用还能促进教育的公平和均衡。通过在线平台和虚拟助理等技术，偏远地区的学生也可以享受到高质量的教育资源和服务，打破地域的限制，实现教育的公平化。

这一变革还有助于推动教育与科技的融合，促进国际交流与合作。新的教育模式和技术可以使教育界与科技界更紧密地连接，形成互动和共生的态势。例如，通过国际在线交流平台，学生可以跨越国界，与不同文化背景的人进行交流和合作，从而培养国际视野和跨文化沟通能力。

（二）未来影响

随着语言资源的数字化和网络化，学习者能够跨越地理和文化界限，接触更多的语言和文化，这样有助于培养其国际化思维和跨文化交流能力。语言资源的创新应用将为个性化和自适应学习提供动力。通过先进的大数据分析和人工智能技术，教育者能够根据每个学生的学习进度、能力和兴趣，提供定制化的学习内容和学习方法。这样不仅能激发学生的学习兴趣，还能提升学生的学习效率。随着对语言资源的需求增长，教育技术将持续创新，使教学和学习方式更高效。这种技术驱动的教育模式有望改变传统的教学和学习方法，为学生提供更丰富、更有吸引力的学习体验。

第七章　数字化时代下语言资源在国际语言教育中的应用

本章介绍了数字化时代下语言资源在国际语言教育中的应用：首先探讨了数字化语言资源在促进国际教育合作方面的关键作用；其次，通过对实际案例的介绍，揭示了成功的国际语言教育项目如何有效地利用这些资源；再次，讨论了在跨文化语言教育中应用数字化语言资源时所面临的挑战，并探讨了借助新兴技术，如人工智能和虚拟现实技术，来改善语言学习体验和提高教学效果的途径；最后，对构建协作和互联的国际语言教育网络的未来趋势进行了展望，旨在为读者提供一个关于数字化语言资源在国际语言教育领域应用的全面视角。

第一节　语言资源在国际教育合作中的作用

一、支持多语言教育

在当今全球化交流日益增多的背景下，多语言教育的重要性不断显现。它不仅是进行语言学习的主要方式，更是促进跨文化理解的方式。多语言教育使学习者能够接触并理解不同的语言和文化，从而开阔视野。在这个过程中，数字化语言资源发挥着至关重要的作用，尤其是在支持教学和学习多种语言方面。

多语言教育对于促进跨文化理解和增强全球公民意识至关重要。多语言教育不仅可以增强人们的沟通能力，还可以深化人们对不同文化的理解。当学习者通过语言接触到不同的文化背景时，他们开始学会从不同的视角看待问题，形成更加开放和包容的思维方式。这对于构建一个相互理解和尊重的多元文化世界来说至关重要。此外，多语言教育还为学习者提供了更广泛的信息和知识获取渠道，使他们能够更加全面地理解全球事件和趋势，从而成为全球公民。

数字化时代为多语言教育提供了前所未有的支持和机会。随着技术的发展，各种在线语言学习平台应运而生，使得学习不同的语言和文化变得更加容易和方便。这些平台提供了丰富的学习材料，如视频课程、互动练习等，使得学习者可以在任何时间、任何地点进行学习。此外，这些平台往往具有高度的互动性和参与性，能够激发学习者的学习兴趣，提高其学习效率。

在多语言课程的设计和教学资源的数字化方面，数字技术的作用不容小觑。教育工作者可以利用各种数字工具来设计更加丰富和多样化的教学内容。例如，他们可以使用多媒体资源（视频和音频）来丰富课程内容，或者利用在线测验和游戏来提高学生的参与度和学习动力。此外，数字技术还使得个性化学习成为可能。通过数据分析，教师可以更好地了解每个学生的学习进度和需要，从而为他们提供更加定制化的学习计划和资源。

要充分发挥数字化语言资源在多语言教育中的作用，还需要应对一些挑战。例如，确保数字化语言资源的质量和适用性，提供足够的技术支持和培训给教师和学习者，以及建立更加高效的资源共享和协作机制。只有通过持续的努力和创新，数字化语言资源才能真正成为支持多语言教育和促进全球理解的强大工具。

二、促进文化多样性和包容性

随着全球化程度的加深，来自不同文化背景的人越来越频繁地进行交流和互动。在这样的背景下，文化多样性不仅是一个事实，更是教育领域必须面对的挑战。理解和尊重文化多样性，不仅能够促进人们的相互理解和尊重，还能够帮助人们更好地适应多元化的世界，从而成为全球公民。

文化多样性在教育中的重要性不仅体现在对学习者个人的影响上，还体现在对整个社会的积极作用上。当代社会越来越注重个体的独特性和多元文化背景的融合。在教育中融入多元文化，可以帮助学生理解和欣赏不同的文化，增进不同文化背景人群之间的沟通和理解，促进社会和谐与进步。

数字化语言资源在促进文化多样性和包容性方面发挥着关键作用。随着信息技术的发展，数字化语言资源变得更加丰富和易于获取。这些资源包括不同国家和地区的语言学习材料、多文化背景下的交流平台以及各种文化内容的数字化展示等。通过这些资源，学习者可以更直观地了解和体验不同的文化，从而增强对多元文化的理解。

数字化语言资源（语言学习平台）不仅提供了语言学习资源，还融入了相关文化背景的介绍和实践活动。学习者在学习语言的同时，能够接触到该语言背后的社会习俗、历史背景，从而在语言学习过程中提高跨文化理解能力。此外，一些在线交流平台使得来自不同文化背景的学习者能够直接交流，分享各自的文化经验和见解，这种直接的交流和互动是促进文化多样性和包容性的有效方式。例如，在“全球教室”项目中，通过连接世界各地的教室，让学生能够通过视频会议直接交流，分享各自的文化和生活经验。在

这样的交流中，学生不仅学习了外语，还学习了如何与来自不同文化背景的人沟通和合作，这对于培养他们的全球视野和文化敏感性至关重要。

第二节　国际语言教育项目的实践案例

在全球化的进程中，国际语言教育项目扮演着极其重要的角色。随着技术的发展和教育模式的创新，数字化语言资源成为这些项目中不可或缺的一部分。这些项目不仅促进了跨文化理解和交流，还为语言学习提供了前所未有的机会和渠道。本节将深入探讨几个成功的国际语言教育项目，分析它们如何有效利用数字化语言资源，以及这些项目在促进跨文化沟通和教育创新方面所取得的成就。

一、国际学术交流项目的实施与成效

国际学术交流项目作为促进跨文化理解和学术合作的重要途径，在全球化的教育背景下显得尤为关键。特别是在中国，这些项目不仅促进了学术知识的交流，还加深了不同国家和地区间的理解和合作。在数字化时代，这些项目通过有效利用数字化语言资源，实现了更广泛的覆盖。

以“中国－欧盟学生交流项目”为例，该项目旨在促进中国和欧盟大学生的学术交流和文化理解。该项目通过组织线上研讨会和学术访问，为参与学生提供了深入了解彼此文化和学术体系的机会。项目中广泛使用的数字化语言资源，如在线翻译工具和多语言学术材料，极大地提高了交流的便利性和效果。学生通过这些资源，能够更容易地理解对方的观点和文化背景，从而在学术上和文化上实现更深层次的交流和理解。

这些国际学术交流项目的成效显著：首先，它们增强了学生和学者对不同文化和学术传统的理解。通过直接的交流和合作，参与者能够从不同的视角看待问题，这样有助于开阔视野，增强跨文化沟通能力。其次，这些项目促进了学术知识的传播和创新。来自不同文化背景的学者和学生通过合作，能够共同探讨和解决全球性的问题，从而推动学术研究的发展。最后，这些

项目还加强了参与国家之间的学术和文化联系，为未来的合作奠定了坚实的基础。

二、跨国界语言教育合作的案例分析

跨国界语言教育合作在全球教育领域中扮演着越来越重要的角色。特别是在中国，这种合作模式不仅推动了教育领域国际化，也为促进文化多样性和相互理解提供了宝贵机会。在这一过程中，数字化语言资源发挥了关键作用，使得不同国家和地区的教育交流和合作成为可能。

以“中外语言教育合作项目”为例，该项目是中国和其他国家的一项重要的教育合作举措。该项目旨在通过语言教育合作，促进教育资源的共享、教学方法的交流和文化理解的深化。在该项目中，数字化语言资源起到了至关重要的作用。例如，通过在线平台提供多语种课程资源，使得参与者可以学习其他国家的语言和文化。这种资源的共享不仅增强了语言学习的便利性，还为学习者提供了更加丰富和多元的学习体验。

“汉语桥”也是一个突出的例子。这个项目旨在通过汉语教学和文化交流，加深世界各地学生对中国和汉语的了解。项目中广泛利用的数字化汉语学习资源和文化介绍材料，极大地丰富了学习内容，提高了教学效果。国外学生不仅可以通过这些资源学习汉语，还可以通过文化交流活动，深入体验中国的历史、文化。

这些跨国界的语言教育合作项目展示了数字化语言资源在促进国际教育交流中的重要性。这些项目不仅增进了参与者的语言技能和文化理解，还加深了不同国家之间的友谊和合作。随着技术的发展和国际合作的加深，这种跨国界语言教育合作将继续扩大其影响力，为促进全球理解和文化多样性做出更大的贡献。

第三节　数字化时代下的跨文化语言教育挑战及应对方法

在数字化时代下，跨文化语言教育面临着前所未有的挑战和机遇。虽

然数字化语言资源为不同文化背景下的语言学习提供了便利，但也带来了一系列挑战，如文化差异带来的挑战、语言障碍的影响等。这些挑战要求人们在应用这些资源时采取更加创新和灵活的方法。本节将深入探讨在跨文化语言教育中应用数字化语言资源时所面临的主要挑战，并探索应对这些挑战的方法。

一、跨文化语言教育挑战

（一）文化差异带来的挑战

在数字化时代下的跨文化语言教育中，文化差异带来的挑战是一个不可忽视的问题。不同文化背景下对语言的理解和使用方式存在根本性的差异，这些差异在教育资源的设计和应用中必须被充分考虑。例如，某些语言表达方式在某种文化中可能是恰当的，而在另一种文化中可能是不礼貌或不恰当的。因此，在语言资源设计和应用中必须考虑到文化差异，以确保内容的文化敏感性和适宜性。

以中国为例，中国语言和文化具有深厚的历史背景和独特性。在汉语教学中，很多习语含有丰富的文化内涵和历史背景，这些对于国外学习者来说可能难以理解。例如，“龙”在中国文化中是力量和权威的象征，而在其他文化中可能没有此象征意义。在汉语教学中，教育者需要详细解释这些习语背后的文化和历史背景，以帮助学习者更好地理解和应用。

不同文化中礼仪和行为准则的差异也是跨文化语言教育中不可忽视的挑战。例如，中国文化侧重谦逊和间接表达，而西方文化可能更倾向于采用直接和开放的交流方式。在设计用于中西文化交流的教育资源时，需要充分考虑这些差异，以避免文化误解和沟通障碍。

（二）语言障碍的影响

语言障碍的影响是跨文化语言教育中一个显著的挑战，这一挑战对于学习汉语的非母语者来说尤为突出。汉语与许多西方语言在语法结构、词汇和表达方式上存在根本性的差异，这些差异不仅让汉语成为一种学习起来相对困难的语言，还对教育资源的设计和应用提出了更高的要求。

汉语的语法结构与许多印欧语系语言的语法结构大相径庭。例如，汉语中缺乏明确的时态变化，这对习惯使用时态来表达不同时空关系的英语学习者可能造成困惑。此外，汉语的词序规则和使用习惯也与英语等语言存在显著差异。因此，在设计针对非母语者的汉语教学资源时，需要特别注意这一点，通过适当的解释和练习来帮助学习者逐步适应汉语的语法结构。

汉语词汇的特点也为非母语者带来了学习上的挑战。汉语中有大量的俗语，它们往往包含丰富的文化内涵和历史背景。对于初学者而言，理解这些俗语的深层含义是一个挑战。汉字作为汉语的书写系统，其独特性也增加了学习的难度。在汉语教学中，需要提供系统的汉字学习方法，如通过动画、图像和音频材料来帮助学习者理解和记忆汉字。

此外，跨文化语言教育也需要强调语言实践的重要性。在学习汉语的过程中，提供真实的语言使用环境非常重要。例如，可以通过模拟对话、角色扮演，让学习者在实际的语境中练习和应用所学知识。通过这种方式，学习者不仅能够提高语言能力，还能够更好地理解不同的文化背景。

二、应对挑战的方法

（一）先进技术的应用

在当今的数字化时代，技术的发展为应对跨文化语言教育中的挑战提供了新的、有效的解决方案。尤其在中国，这种技术革新对于促进语言学习和文化交流具有深远的影响。人工智能（AI）、虚拟现实（VR）和增强现实（AR）等技术的应用，不仅提高了语言学习的效率和效果，还大大增加了学习的趣味性和互动性。

人工智能技术在个性化语言学习方面的应用尤其值得关注。例如，在中国，一些先进的语言学习应用程序，如“Hello Chinese”“Du Chinese”，正在利用 AI 技术为用户提供定制化的学习体验。这些应用通过分析用户的学

习习惯、进度和难点，自动调整学习内容和难度。这种个性化的学习方式不仅可以帮助学习者更有效地掌握语言技能，还能提高其学习动机和参与度。

VR 和 AR 技术则通过模拟真实的语言使用环境，为语言学习者提供了沉浸式的学习体验。例如，中国的一些教育机构正在使用 VR 技术来模拟真实的中国语境，如在北京的街市、上海的商场中进行交流。这种沉浸式体验使学习者能够在接近真实的环境中练习语言，同时能更直观地了解和体验中国的文化和社会环境。

除此之外，AI 驱动的语音识别和自然语言处理技术也在语言教育中发挥着重要作用。这些技术可以帮助教师和学习者更准确地评估自己的语言能力。

（二）创新教学方法的应用

在跨文化语言教育中，除了可以依赖先进技术，还可以应用创新的教学方法。这些方法通过模拟真实的语境，使学习者不仅能学习语言本身，更能深入理解和体验不同文化的语言使用方式。在中国，教育者正积极探索和应用各种创新的教学方法，以提高跨文化语言教育的效果。

情景模拟和角色扮演是这些创新教学方法中的重要组成部分。例如，中国的语言教育机构经常通过模拟日常生活场景，如餐馆点餐、商场购物或是节日庆典，来教授汉语。在这些模拟场景中，学习者不仅能够锻炼语言技能，还能够通过角色扮演深入体验中国文化的特色和习俗。通过这种方式，学习者能够在实际语境中运用所学语言，并在此过程中加深对中国文化的理解和欣赏。

除了情景模拟和角色扮演，国际合作项目和文化交流活动也在跨文化语言教育中扮演着重要角色。例如，中国与多个国家的教育机构合作，开展了一系列国际学生交流项目。这些项目通常包括语言学习、文化研讨和实地考察等形式，使得中国学生和外国学生能够直接交流，共同参与文化体验活动。通过这种直接的互动和交流，学习者不仅提高了语言能力，还加深了对不同文化的理解。

第四节　新兴技术在国际语言教育中的应用

随着科技的飞速发展，新兴技术如增强现实和虚拟现实正在逐渐融入国际语言教育领域。通过使用这些技术，不仅丰富了语言学习内容，还提高了教学效果和学习体验。本节将深入探讨这些技术在国际语言教育中的应用，分析它们如何改变传统的教学模式，为学习者提供更加个性化的学习环境。

一、虚拟现实技术在国际语言教育中的应用

虚拟现实（VR）技术在国际语言教育中的应用正逐渐成为教育领域的一大创新。VR 技术通过创建真实的语言使用环境，为学习者提供了一种沉浸式的学习体验。这种技术的应用不仅改进了语言学习的方法，还极大地提升了学习的效率。

VR 技术能够创造出与现实世界极其相似的三维环境，使学习者能够沉浸在全新的语言环境中。在这样的环境里，学习者可以体验到模拟的语言应用场景，如在一个虚拟的外国城市中行走，或是在一个模拟的商务会议中进行交流。这种语言使用环境为学习者提供了一个实际操作的机会，使他们能够在模拟情境中练习语言，从而更好地掌握语言技能。

在中国，随着 VR 技术的发展和普及，越来越多的教育机构开始探索这项技术在国际语言教育中的应用。例如，一些语言学习中心利用 VR 技术模拟外国街道和商店，让学习者在模拟环境中练习英语对话。学习者可以与虚拟角色进行互动，如在餐馆点餐、在商店购物或在旅游景点询问路线。这种互动不仅提高了学习者的语言技能，还增强了他们对文化背景的理解。

在交流场景中，VR 技术同样展现出巨大的潜力。例如，可以模拟国际交流等场景，这样学习者不仅能够在虚拟的环境中练习语言，还能够提高其跨文化沟通能力。这种模拟真实交流场景的方法，使学习者在没有去过目标语言国家的情况下，也能够获得宝贵的语言实践经验。

二、增强现实技术在国际语言教育中的应用

增强现实（AR）技术通过在现实世界中叠加虚拟信息，创造出一种新颖的互动学习体验，从而极大地丰富了语言学习的过程。AR 技术的一个关键优势是它能够将学习内容与学习者所处的环境结合起来。与传统的学习方式相比，这种结合提供了更加直观的学习体验。例如，学习者使用 AR 应用程序学习新的词汇时，可以通过手机或平板电脑的摄像头扫描周围的物体，扫描后，应用程序会显示出这些物体的名称和相关信息。这种学习方式不仅增加了学习的趣味性，还帮助学习者更直接地了解词汇在现实生活中的应用。

AR 技术已经开始被应用于国际语言教育中。例如，一些教育应用程序通过 AR 技术，将国际文化元素和实景结合起来，为学习语言的学生提供了沉浸式的学习体验。学生可以通过这些应用探索国际新鲜事物等，同时学习相关的语言知识。这种方式不仅激发了学习者对国际文化的兴趣，还增强了他们的语言应用能力。

AR 技术在互动游戏中的应用也为语言学习带来了新的可能性。通过 AR 技术，游戏开发者能够创造出富有教育意义的游戏环境，使学习者在玩游戏的同时学习新的语言知识。例如，一款基于 AR 技术的语言学习游戏可能会要求学习者在虚拟的城市环境中寻找特定的物品，并使用目标语言与游戏中的角色进行交流。这种游戏不仅锻炼了学习者的语言技能，还提高了他们对语言学习的兴趣。

AR 技术还能够帮助学习者更好地了解语言在现实生活中的应用。例如，学习者在学习外语时，可以通过 AR 技术模拟在餐厅点餐、在机场办理登机手续等现实生活场景，从而锻炼在实际环境中使用语言的技能。这种模拟现实生活场景的方法，使学习者能够在实际应用中锻炼语言能力，从而更快地掌握语言。

第五节　未来趋势：国际化的语言教育网络

随着全球化进程的加快和数字技术的不断发展，国际化的语言教育网络正在成为现实。在未来，将更加注重全球互联互通、合作共享的教育模式。这种趋势不仅将推动语言教育的创新，还将促进不同文化的理解。本节将探讨数字化语言资源在国际语言教育中的发展趋势，并分析如何构建一个更加协作和互联的国际语言教育网络。

一、数字化语言资源的全球化趋势

随着全球化进程的加快和数字技术的快速发展，数字化语言资源的全球化趋势愈发明显。这种趋势表现在对多语种支持的增加和跨文化内容的融合上，它们正在改变传统的语言教育方式，使教育资源变得更加开放和可及。

增加对多语种的支持是一大趋势。随着世界各地人们对学习不同语言的需求日益增长，数字化语言资源正逐渐包含更多的语种，以满足不同国家和地区用户的需求。其不仅包括世界主要语言，还包括那些使用人数较少的语言。例如，一些在线语言学习平台提供了挪威语、斯瓦希里语等多种语言课程，这使得全球用户都可以根据自己的兴趣和需求学习语言。

跨文化内容的融合是另一大趋势。随着技术的进步，数字化语言资源不仅仅局限于语言本身，还包括大量关于目标语言国家的文化、历史和社会习俗等内容。这种融合使得学习者在学习语言的同时，能够更好地理解和欣赏该语言背后的文化。例如，西班牙语课程不仅包括语法和词汇的学习，还包括西班牙的节庆活动、历史背景介绍等内容。这种全方位的学习方式有助于培养学习者的跨文化意识和全球视野。

数字化技术在打破地理和语言障碍方面发挥着重要作用。互联网的普及和移动设备的便携性使得全球用户都可以轻松访问各种语言学习资源，不再受限于物理位置或时间。在线语言学习平台和虚拟课堂等为全球学习者提供了灵活的学习方式。这些平台通常具有清晰的界面和多种互动方式，使学习者可以随时随地进行学习。

云计算和大数据技术的应用也使得教育资源更加开放和个性化。通过收集和分析大量的学习数据，教育提供者可以更好地了解学习者的需求和偏好，从而提供更加定制化的学习内容。同时，这些技术使得资源更新和共享

更加便捷，教育内容能够体现出全球化进程中的新趋势和需求。

二、增强的协作与共享机制

在全球化教育背景下，可通过增强的协作与共享机制，促进不同国家和地区间的教育资源共享和教学经验交流。这种协作不仅加强了国际教育机构之间的联系，还促进了教育资源的有效利用和国际语言教育的质量提升。

（一）国际化语言教育平台的建立

在当今全球化的教育环境中，国际化语言教育平台的建立显得尤为重要。这些平台旨在创造跨国界的学习和交流环境，使全球教育者和学习者都能轻松分享和访问教育资源。

1. 多语种界面和内容的提供

国际化语言教育平台通常提供多语种界面和内容，以满足全球用户的多样化需求。这意味着不同国家和地区的学习者可以用自己的母语访问平台，学习其他语言。例如，一个学习西班牙语的中国学生可以使用中文界面访问平台，而一个学习汉语的西班牙学生可以使用西班牙语界面访问平台。这种多语种支持极大地降低了语言学习的门槛，使学习者更容易开始和继续他们的语言学习之旅。

2. 在线课程和教学视频的普及

在线课程和教学视频是国际化语言教育平台的核心组成部分。这些资源使得学习者可以根据自己的时间安排和学习节奏进行学习，不受时间和空间的限制。优质的在线课程和教学视频不仅涵盖基础语言知识，还包括复杂的语言结构、文化背景和实际应用。通过观看这些教学视频，学习者可以获得与面对面授课相似甚至更好的学习体验。

3. 交互式练习的设计

交互式练习是提高语言学习效果的关键，而国际化语言教育平台可以通过提供各种在线练习和模拟测试来满足这一需求。这些练习通常包括听力、阅读、写作和口语等方面，帮助学习者全面提升语言能力。

4. 联合国教科文组织等机构的支持

联合国教科文组织（UNESCO）和其他国际机构对国际化语言教育平台的支持至关重要。这些机构通常提供资金、技术和政策支持，帮助这些平台发展并扩大其影响力。例如，UNESCO 支持的语言教育项目往往强调语言多样性和文化包容性，鼓励学习者了解和尊重不同的语言和文化。这种国际机构的支持不仅提升了这些平台的质量和可靠性，还帮助它们在全球范围内获得了更广泛的认可。

（二）教育资源共享的实践

在国际化的教育环境中，教育资源共享的实践已成为提升教育质量和促进国际交流的关键策略。这种共享不仅涵盖了学习材料，还包括教学方法、课程设计、评估工具等多个方面，提高了全球教育资源的多样性和可及性。

1. 教育资源共享的范围

传统上，教育资源的共享主要局限于教科书或学习指南的传递。然而，在数字化时代，这一观念已经得到了扩展。通过国际化的语言教育平台，教育机构可以上传和下载包括课程视频、互动练习、模拟测试、讲座笔记在内的各种教育资源。除了这些基础资源，教育者还可分享他们的教学方法、课程设计方案，甚至是评估和反馈工具，以便其他教育者参考和应用。

2. 教育资源共享的实际应用

国际化语言教育平台上的资源共享为教育实践带来了实际的改变。欧盟的 Erasmus+ 计划就是一个促进教育资源共享和国际合作的例子。该计划通过让学生进行国际交流，不仅加强了参与机构之间的联系，还促进了教育资源的共享和流动。通过这个计划，参与的教育机构能够共享课程材料，交流教学方法，甚至合作开发新的课程和学习项目。

3. 最佳实践和创新教学方法的共享

在教育资源共享中，要注重最佳实践和创新教学方法的共享。这种共享让教育者能够了解和吸收其他国家或地区在教育方面的成功经验，促进教育方法的改进和创新。例如，一些国家在在线教育和远程学习方面的先进经验，可以为其他国家提供参考，帮助其改善自己的教育系统。

4. 教育质量提升和国际交流深化

通过教育资源的共享，不同国家和地区的教育机构可以提升自身的教育质量。共享的资源为教育者和学习者提供了更广泛的视角和材料，有助于其提高教学和学习效果。同时，这种共享促进了学生的交流。通过访问国际化教育资源，学生可以在不离开自己国家的情况下获得国际化的教育体验，为未来的国际交流和职业发展打下基础。

（三）合作项目的增多和伙伴关系的加强

合作项目和伙伴关系在全球教育领域中扮演着至关重要的角色。通过这些合作，国际教育机构不仅能够共享资源，还能够共同开发创新的教学方法和课程，从而促进教育质量的提升和教育经验的交流。这种合作的核心在于建立持久的关系，加深对不同文化和教育系统的理解。

1. 合作项目的多样性

合作项目的形式多种多样，从简单的资源共享到复杂的课程开发，甚至包括联合研究和出版。这些项目往往以双方或多方的协议为基础，明确各方在合作中的角色和责任。例如，不同国家的两个大学可能共同开发一个双语教学项目，旨在提高学生的语言能力和跨文化交流能力。在这样的项目中，两校不仅可以共享教学资源，还可以相互派遣教师，共同开展研究，丰富教学内容和方法。

2. 加强伙伴关系的重要性

在国际教育合作中，建立和维护强有力的伙伴关系至关重要。通过定期的教师交流、学生互访以及联合举办研讨会和学术会议，合作双方可以不断加深理解，拓展合作的深度和广度。例如，不同国家的两个语言学校可以通过互访项目，让学生有机会体验不同的教育环境和文化，同时促进教师间的教学经验交流。

（四）促进全球教育平等

在全球教育环境中，促进全球教育平等成为一个重要议题。教育资源共享正在成为减少不同国家和地区间教育资源不平衡的有效途径。这种资源共享对于发展中国家的学习者来说意义重大，它不仅提供了更多的学习机会，还助力全球教育平等的实现。

1. 共享资源的重要性

教育资源的共享对于资源匮乏地区的教育发展至关重要。在许多发展中国家，由于经济和技术的限制，高质量的教育资源往往难以触及。通过国际化语言教育平台，这些地区的学习者可以接触到先进的教育理念和方法，以及丰富的学习材料。例如，许多在线语言教育平台可提供免费或低成本的语言课程，这些课程中不仅涵盖了基础语言知识，还涵盖了高级语言技能和文化知识。

2. 国际教育组织的角色

国际教育组织在促进教育资源共享和全球教育平等方面发挥着重要作用。这些组织通常具有广泛的国际资源，能够将高质量的教育资源引入那些资源不足的地区。例如，联合国教科文组织和世界银行等机构就积极推动全球教育资源的均衡分配，通过资金和技术支持，帮助发展中国家提升教育质量。

3. 免费或低成本在线课程的作用

免费或低成本的在线课程为全球教育平等做出了巨大贡献。这些课程使得来自经济较弱国家的学习者能够在不承担昂贵费用的情况下，接受高质量的语言教育。此外，这些在线课程方便获取，学习者可以在任意时间、任意地点进行学习。

4. 本土化教育资源的发展

在推动全球教育平等的过程中，本土化教育资源的发展至关重要。这意味着教育内容不仅要适应全球标准，还要符合本地文化和教育需求。许多国际教育平台和组织正在与当地教育机构合作，开发具有本地文化特色的教育资源，使教育内容更加有效。

三、未来的挑战与机遇及其解决方案

在构建国际化语言教育网络的过程中，面临着众多挑战和机遇。这些挑战包括技术差异、文化敏感性以及教育资源不平等分配。同时，随着技术的不断发展，带来了新的机遇，这为全球语言教育的发展提供了新的可能性。

（一）挑战

1. 技术差异

技术差异是构建国际化语言教育网络过程中的一大挑战。其主要体现在技术发展水平和普及程度上。在部分地区，缺乏必要的技术基础设施。例如，互联网在这些地区可能并不普及，这直接影响了在线教育资源的获取和使用。没有稳定的网络，学习者难以访问在线课程、视频讲座以及其他数字学习资源。

现代化的计算机设备和其他相关技术工具在这些地区往往也是奢侈品。由于经济限制，学校和家庭可能难以购买足够数量的计算机或最新的智能设备。这导致学习资源的获取受限，学生无法充分利用数字技术进行学习。这种技术差异还会影响到教育内容和教学方法。在技术基础设施较为先进的地区，教育者可以利用各种先进的教学工具，如交互式白板、在线协作平台甚至是虚拟现实和增强现实技术来丰富教学内容和提高教学效果。然而，在技术较为落后的地区，教育者仍然依赖传统的教学工具，如黑板和教科书，这在一定程度上影响了教育的质量和效果。要想应对这一挑战，需从多个层面着手：首先，国际组织和政府机构可以在政策和资金上提供支持，投资于基础设施建设，特别是在偏远地区。例如，通过政府和非政府组织的合作项目，可以在这些地区建立互联网接入点和提供一定的计算机设备。其次，教育内容提供者应考虑到这些技术限制，开发适用于低带宽和基础设备的教育资源。例如，可以提供在普通手机上访问的简化版在线课程，或者开发适用于低性能设备的教育应用程序。为了突破硬件限制，可以通过建立社区学习中心或公共图书馆等方式，提供共享计算机和互联网接入服务。这样，即使家庭无法购买个人电脑，学生也可以在这些地方获得必要的数字学习资源。

2. 文化敏感性

在构建国际化语言教育网络的过程中，需要考虑文化敏感性。随着教育的全球化，教育内容和方法的设计要考虑到不同文化背景下的需求和差异，以避免文化冲突和误解，并促进全球不同文化之间的理解。

在全球化的教育环境中，教育内容不仅要传达语言知识，还要展现文化多样性。在语言教育中，忽视文化敏感性可能会导致误解，甚至可能让学习者产生文化冲突感。

对此，教育者需要深入了解并融入目标文化的元素。例如，教授西班牙语时，除了教授语法和词汇，还应教授西班牙的文化背景、历史和社会习俗等内容。

要想避免文化冲突和误解，教育中应避免出现文化偏见现象，同时提供多元的文化视角。这不仅有助于提高教育的质量和有效性，还能促进学习者相互理解。例如，在教授英语课程时，教育者可以引入来自不同英语国家的案例和教材，展现英语作为全球语言的多元性。

在国际化语言教育平台上，教育内容应突出文化多样性，以促进学习者对不同文化的理解和尊重。例如，可以设置跨文化沟通的课程项目，让来自不同文化背景的学习者进行交流，分享各自的文化经验，增进相互理解。

3. 教育资源不平等分配

在构建国际化语言教育网络的过程中面临的一大挑战是教育资源的不平等分配。这种不平等现象在全球范围内普遍存在，且对那些资源较少的地区产生了深远的影响。

在全球范围内，教育资源的分配不均衡。发达国家和地区通常拥有更丰富的教育资源，包括先进的教学设施、丰富的教学材料和高素质的教师队伍。而部分发展中国家和经济较弱的地区面临着资源匮乏的问题。这些国家和地区的学校可能缺乏基本的教学设施，如计算机和科学实验设备，教师的专业培训也不足。教育资源的不平等不仅减少了资源较少地区学习者的学习机会，还影响了他们的发展潜力。缺乏高质量教育资源意味着这些学习者无法获得与发达地区相同水平的教育，这在一定程度上加剧了全球教育的不公平现象。这种不平等可能导致这些地区的学生在知识和技能上落后，从而影响他们将来在全球化社会中竞争的能力。影响教育资源不平等分配的因素有很多，而经济因素是最主要的因素。经济较弱的国家和地区可能缺乏投资教育的资金，因而导致教育资源匮乏。

要解决教育资源不平等分配的问题，需要采取多方面的策略：首先，增加对教育的投资是关键。国际组织、政府都应增加对教育的财政支持，特别是在资源较少的地区。其次，提高教育质量也非常重要。这包括改善教学设施、提升教师的专业水平和改革教学方法。

（二）机遇

1. 技术创新

技术创新在应对国际化语言教育网络面临的挑战中扮演着关键角色。随着新兴技术的不断发展，人们拥有更多的工具和方法来解决教育资源分配不平等、技术基础设施薄弱等问题，从而为更广泛的学习者群体提供高质量的教育。

云存储和移动技术的发展使得教育资源可以轻松地存储、访问和分享。云存储提供了一种中央化的资源存储方式，允许教育内容和材料在云端存储并被全球范围内的用户访问。这对于技术基础设施薄弱的地区尤其有益，因为它减少了对本地硬件和存储设备的依赖。此外，移动技术的普及，特别是智能手机的广泛使用，为学习者提供了随时随地访问教育资源的可能。即使在偏远地区，学习者也可以通过手机访问在线课程，这提高了教育的覆盖面和可及性。

人工智能（AI）和大数据分析技术在个性化教育和教学效果提升方面发挥着重要作用。AI 技术可以分析学习者的行为模式、学习进度和偏好，为他们提供定制化的学习路径和内容。例如，基于学习者的学习情况，AI 系统可以推荐适合他们当前水平的材料，甚至可以调整课程难度，以确保学习者处于最适合自己的学习区域。通过大数据分析，教育者可以发现哪些教学方法有效，哪些内容需要进一步改进，从而不断优化教学策略和内容。

2. 跨文化交流和合作

在日益全球化的世界中，国际化语言教育网络的构建非常重要。通过这一网络，来自不同文化背景的学习者和教育者可以共享资源，相互学习，从而增进对彼此文化的理解和尊重。

国际化语言教育网络为跨文化交流提供了一个独特的平台。在这一平台上，学习者不仅可以学习语言，还可以接触到该语言背后的文化。例如，学习西班牙语的学生不仅可以学习其语法和词汇，还能了解到西班牙的文化习俗、历史背景。这样可以使学生开阔视野，理解和尊重不同国家的文化。

国际化语言教育网络使得教育资源和经验的共享成为可能。不同国家的教育机构可以通过该网络共享教学材料、课程设计和教学方法。这种共享不仅丰富了教育资源，还提供了学习不同教育系统和方法的机会。此外，教育者还可以通过该网络交流教学经验，探讨如何在多元文化背景下有效教学，从而提升教育质量。

国际化语言教育网络还可以促进国际合作项目的成立。这些合作项目往往涉及多个国家和地区，旨在共同应对教育挑战，提升教育质量。例如，多国大学之间可能会共同开设在线课程，或者进行学术交流和合作研究。这些合作不仅有助于缩小不同国家和地区之间的教育差距，还为学生提供了国际化学习和交流的机会。

通过国际化语言教育网络，学习者和教育者对其他文化的理解和尊重得以加深。在这一网络上，学习者不仅被教授语言，更被鼓励探索和欣赏与这种语言相关的文化。这种深入的文化教育有助于打破文化偏见，促进全球理解与和谐。

3. 教育平等的推动

在全球教育环境中，技术的发展和国际合作成为推动教育平等的关键途径。例如，数字化教育平台为全球各地区的学习者提供了更加平等的教育机会。

数字化教育平台的出现和普及，尤其是在线学习资源的发展，为解决教育不平等问题提供了有效的工具。通过这一平台，学习者随时随地都能获取教育资源。这一平台尤其适用于那些远离城市中心、学校教育资源不足的地区。例如，通过在线课程，来自偏远地区的学生可以学习由世界顶级大学提供的高质量课程，这在以前是难以办到的。

数字化教育的一个主要优势是，它减少了经济和地理位置对教育机会的限制。在线教育资源通常比传统教育成本更低，有时甚至是免费的，这使得来自经济较弱家庭的学生也能够访问这些资源。

国际合作在推动教育平等方面起着至关重要的作用。通过多国间的教育合作项目，可以共享资源、经验和最佳实践。这种合作不仅有利于资源丰富的国家传播它们的知识，还使资源较少的国家受益。例如，发达国家可以与发展中国家合作，提供教育技术支持，从而帮助这些国家提高其教育水平。

（三）解决方案

要想应对国际化语言教育网络构建中所面临的技术差异、文化敏感性和教育资源不平等分配的挑战，就要采取综合的解决方案。其具体内容包括加强技术基础设施建设、培养文化敏感性以及推动教育资源均等化。

1. 加强技术基础设施建设

要想克服技术差异，就要加强技术基础设施建设，特别是在发展中国家和地区。国际组织、政府以及私营部门在这一过程中扮演着关键角色。国际组织可以提供资金和技术支持，如提供一定的网络接入点和现代化的教育技术设施。政府的政策和资金支持对于本地基础设施的改善至关重要。私营部门可以通过合作项目参与到基础设施建设中，提供所需的技术和设备。

2. 培养文化敏感性

要想培养文化敏感性，教育者先要深入了解并尊重不同文化。同时，教育者自身需要接受专门的教学培训。通过这种培训，教育者可以更好地理解不同文化，这样有助于培养文化敏感性。

3. 推动教育资源均等化

推动教育资源均等化是实现全球教育平等的关键任务。要想完成这一任务，需要国际组织、非政府组织、各国政府以及教育机构共同努力，以确保全球各地区，尤其是资源贫乏的地区，都能获得高质量的教育资源。

国际教育合作项目在平衡全球教育资源分配中扮演着重要角色。这些项目通常由国际组织、非政府组织和多国政府共同发起，目的是在全球范围内促进教育资源的共享。例如，联合国教科文组织等机构可能会牵头组织国际教育合作项目，将发达国家的教育资源和专业知识带到发展中国家。这些项目不仅包括传统的课程资源的共享，还可能涉及教师培训、教育政策制定以及基础设施建设等方面。

非政府组织（NGOs）在提供教育资源方面也发挥着至关重要的作用。这些组织通过募集资金和资源，支持那些资源匮乏的学校和地区。其可能提供教科书、计算机设备，帮助学生和教师获得必要的学习和教学工具。除此之外，这些组织还可能开展教育项目，如建立图书馆、提供奖学金或组织远程教育课程，特别是在偏远地区。

政府在实现教育资源均等化方面发挥着核心作用。各国政府应制定和实施旨在提高教育可及性和质量的政策。这包括提供教育资源，如提供免费或低成本的教育资源，尤其是数字化教育资源。同时，政府可以通过制定有利于教育平等的法规，确保所有学习者都能接受到基础教育，或为边远地区的学生提供特别支持。

随着技术的发展，在线教育资源成为实现教育平等的重要工具。这些资源通常成本较低，易于扩展，能够覆盖广泛的地理区域。通过提供在线课程、教育应用程序，教育机构可以使教育资源被更多人获得，包括那些生活在偏远地区或经济条件较差的学习者。

第八章　结论和展望

本章主要阐述本研究的发现与结论、做出的贡献以及对未来语言资源建设和应用的展望。

第一节　结　　论

本节对全书进行了回顾和总结：首先，归纳出本研究在语言资源建设、语言资源应用效果以及语言资源创新发展和应用扩展方面的主要发现和结论；其次，探讨本研究对理论研究和实践工作的贡献，以及对未来研究的启示和建议。本节旨在呈现本研究的核心成果，并对未来的研究方向提出建设性意见。

一、本研究的主要发现和结论

（一）语言资源建设的主要成果和发现

在现代的教育环境中，语言资源建设成了推动语言教育发展的重要因素，其重要性与日俱增。笔者经过深入研究和实践，已经形成了一套内容丰富多样的语言资源体系，其具有较强的实用性和广泛的适用性，并且涵盖了词汇、语法、语料库、音频、视频等多种形式的语言资源，为语言学习和研究提供了全面且深入的支持。这套体系的形成，是笔者根据各种语言学习和教学需求，对语言资源的功能、形式、内容进行全面梳理和整合的结果，体现了笔者在语言资源建设方面的重大成果和发现。

此外，笔者发现，科技在语言资源建设中起到了关键的推动作用，尤其是人工智能、大数据等新兴技术的应用，极大地提高了语言资源建设的质量和效率。人工智能技术，如机器学习和深度学习，使得人们能够从海量的语言数据中提炼出有效的知识和信息，为语言资源的建设提供了强大的技术支撑。大数据技术则可以帮助人们处理和分析复杂的语言数据，提高了语言资源的构建效率，同时使人们能够更准确地掌握语言的规律和变化，更好地满足各种语言教育的需求。

科技不仅提高了语言资源建设的效率，也提升了其质量。例如，借助语音识别和语音合成技术，相关人员能够制作出更真实、自然的音频资源，为学习者提供了更佳的听说学习环境；利用自然语言处理和深度学习技术，相关人员可以从大量语料中自动抽取和生成教学用的词汇、例句、对话等资源，大大丰富了教学内容，提高了教学质量。同时，人们应该意识到，科技在语言资源建设中有更广阔的应用空间。例如，相关人员可以利用虚拟现实和增强现实技术，构建更真实的语言环境，提供更富有沉浸感的语言学习体验；借助大数据和机器学习技术，相关人员可以深入挖掘语言规律，为语言教学提供更科学、精准的指导。这些新兴技术不仅为人们提供了新的工具和手段，也给人们提供了新的视角和思路，推动人们在语言资源建设中不断创新和探索。

（二）语言资源在语言教育中的应用效果

语言资源在语言教育中的应用产生了积极效果。语言资源的引入满足了学生多元化、个性化的学习需求，极大地提升了他们的学习积极性和效果。这一点可以从学生的学习成绩、学习满意度和学习参与度等各方面的显著提升看出来。丰富多样的语言资源使得教学过程更为生动有趣，同时满足了各类学生的学习需求。在以往的教学过程中，学生可能由于学习资源的匮乏而感到学习有压力或者无趣，而多样化的语言资源为学生提供了更多的学习选择，使得他们能够按照自己的兴趣和特长进行学习。这种自我驱动的学习方式在提升学生学习兴趣的同时，极大地提升了学生的学习效果。而在教学方法和技术上的创新，则让语言教学更加生动、有趣。例如，借助虚拟现实、增强现实等技术，可以让学生在真实的语境中进行学习；利用人工智能、大数据等技术，可以为学生提供个性化的学习路径和智能化的学习辅助。这些新的教学方法和技术让学生的学习过程变得更加生动和有趣，从而促使他们主动学习和合作学习。同时，语言资源在语言教育中的应用极大地推动了教育模式的转变，可以进行个性化教学和学习。教师可以根据学生的学习进度和情况，利用丰富的语言资源进行个性化教学，满足学生的个性化学习需求；学生也可以根据自己的兴趣和需求，选择适合自己的学习资源，进行自我驱动的学习。

（三）语言资源的创新发展和应用扩展

语言资源在语言教育领域的创新发展和应用扩展已逐渐成为一种趋势，具有深远的影响力和积极的推动效应。随着科技的演进和社会需求的变迁，语言资源的应用已不仅限于教学，而是触及了更广泛的领域。

在职业培训方面，语言资源通过提供行业专业语言和实际语境，提升学生对专业知识的理解和职业素养。例如，与实际工作场景相结合的语言学习内容能促进学生的实践能力发展。此外，语言资源在全球化背景下的跨文化交流中也起到了关键作用。开发适合不同文化背景的语言资源有助于培育学生的跨文化交际能力，从而促进文化的理解和交流，增强社会和谐和国际友谊。同时，语言资源得以创新，提供了多样化和高效的学习方案。通过虚拟现实和增强现实技术，模拟真实的语言环境，为学生带来了沉浸式的语言学习体验。而协作学习和游戏化学习的策略使学习过程更生动有趣，增强了学生的学习积极性。最后，语言资源的创新发展和应用扩展在教育观念和模式方面产生了积极影响。它强调了学生的主体性，推动了以学生为中心的教学模式的实践，并倡导了教育的个性化和差异化，以性化学习需求。

二、本研究的理论和实践贡献

本部分将详细阐述本研究对理论研究和实践工作的具体贡献，包括理论研究的新认知、实践工作的改进方向，以及对未来研究的启示和建议。

（一）对理论研究的贡献

新的理论框架系统地阐述了语言资源的定义、特点和发展趋势，为语言资源的建设和应用提供了理论依据。通过深入分析语言资源的本质和作用，笔者提出了在数字化时代下有效开发和利用语言资源的策略和原则。这一策略和原则为语言资源的发展和应用指明了方向。通过实证研究，笔者验证了提出的理论框架的有效性和实用性。通过收集、整理和分析大量的语言资源数据，笔者评估了不同类型的语言资源在语言教育中的应用效果。通过与实际教学情境的对比和评估，笔者证明了语言资源在提高学习者语言技能、交际能力和培养语言意识方面的重要作用。这些实证研究结果不仅丰富了语言教育理论的内容，还为语言资源的开发和应用提供了实践指导。笔者还提出了一套科学有效的评估方法和标准，对语言资源的质量进行了综合评估。通过评估语言资源的准确性、覆盖范围、实用性等方面的指标，为语言资源的开发和选择提供了参考和指导。笔者还强调了语言资源的更新和维护，确保语言资源的持续有效性和可持续发展。

（二）对实践工作的贡献

科技驱动的语言资源建设模式将先进技术与语言资源建设相结合，推动了语言资源的创新和发展。通过引入人工智能、机器学习等技术，开发了自动标注和质量控制工具，提高了语言资源的开发效率和准确性。这种科技驱动的模式为语言资源的建设提供了新的途径和方法。根据学习者的特点和需求，合理选择和组织语言资源，提供个性化的学习体验和支持。通过利用学习者数据和个性化推荐技术，实现了对学习者语言能力和学习进展的动态评估和反馈，提供了有针对性的学习资源和建议。这种个性化的应用方法有助于提高学习者的学习积极性和效果，促进了语言教育的个性化发展。通过整合不同类型的语言资源，如语音、文字、图像等，开发了多媒体语言学习平台和教学工具，提供了丰富多样的学习资源和互动环境。这种整合和应用的方法丰富了语言教育的教学手段和方式，提高了学习者的兴趣和参与度。

（三）对未来研究的启示和建议

随着科技的发展，如自然语言处理、机器学习、人工智能等技术的进步，可以探索更先进的方法和技术，以提高语言资源的质量、丰富性和个性化适应性。同时，可以研究开发面向特定领域或特定人群的专业化语言资源，满足不同领域和人群的需求。语言是连接世界的纽带，通过国际合作，可以共享语言资源、经验和最佳实践，促进语言教育共享共建。国际合作可以推动语言资源的跨文化研究和应用，促进不同语言和文化背景下的语言教育发展，提高全球语言教育的水平和质量。语言资源在语言教育领域的应用已取得一定成果，但与其他领域的融合应用仍有待深入研究。例如，可以将语言资源与虚拟现实、增强现实等技术相结合，创造沉浸式的语言学习环境；将语言资源与游戏化学习、社交媒体等进行融合，提高学习者的参与度和积极性。未来的研究还可以关注语言资源的可持续发展和共享机制的建立。语言资源的开发和维护需要投入大量的人力、物力和财力，因此，研究可持续的资源建设和管理模式，建立资源共享的机制和平台，能够更好地保护和推广语言资源，促进资源的可持续发展和共享。

第二节　展　　望

本节主要对未来语言资源建设、应用和发展进行了展望，预测了未来发展方向以及可能遇到的难点。

一、对未来语言资源建设的展望

随着技术的进步，语言资源将变得更加丰富、多样化和智能化，能满足不同用户的需求。未来语言资源建设将注重跨语言和跨文化交流，促进全球语言共享。开放共享和合作创新将成为重要推动力，促进语言资源的持续更新和优化。未来语言资源建设将紧密结合教育、科技和社会发展，为语言教育和人类交流提供更多的可能性和机遇。

（一）对未来建设方向的预测和建议

随着科技的不断发展和社会需求的变化，未来语言资源的建设将呈现出高度自动化、个性化和智能化的趋势。笔者对此提出以下建议。

未来的语言资源建设应充分利用科技，如采用人工智能技术自动收集和整理语言资源，利用大数据分析技术进行语言资源的个性化推荐。通过自动化工具和算法，可以快速获取大量的语言数据并高效处理，提高语言资源的质量。而个性化推荐系统和学习分析工具可以根据学习者的兴趣、水平和学习习惯，为他们提供个性化的学习建议和资源，从而提升学习效果。智能化技术的发展为语言资源建设和应用带来巨大的潜力。未来的语言资源可以与智能语音助手、虚拟现实、增强现实等技术相结合，提供更加智能化和个性化的学习体验。通过语音识别、自然语言处理和情感计算等技术，提供个性化的反馈和指导，进一步提升语言学习的效果和效率。开放共享和国际合作是未来语言资源建设的重要方向。未来的语言资源建设应注重开放共享的理念，鼓励研究机构、教育机构和个人共享语言资源、模型和工具，促进资源的共同进步。同时，国际合作是推动语言资源建设的关键。通过跨国界的合作与交流，可以了解各国的语言资源和经验，共同推动语言教育的发展和创新。

（二）对未来建设策略的分析和指导

未来的语言资源建设需要以用户需求为导向，这意味着相关人员应该更加关注用户的实际需求并有针对性地提供语言资源。为了达到这一目标，要进行广泛的调研和收集用户反馈。通过与教师、学生等不同群体的沟通和合作，可以深入了解他们在语言教育中所面临的问题、挑战，以便为他们提供更贴近实际的语言资源。随着科技的不断进步，相关人员应积极运用创新技术来提高语言资源的建设效率和质量。例如，人工智能、机器学习和大数据分析等先进技术可以帮助人们自动化地收集、处理和分析语言数据，从而提高语言资源的质量。同时，虚拟现实、增强现实和自然语言处理等技术的应用能够创造更丰富、互动性更强的语言学习体验。通过将科技创新与语言资源建设相结合，推动语言教育的发展。未来的语言资源建设需要注重资源的可持续性，确保资源的更新和维护，以适应不断变化的学习环境和需求。此外，还应提倡资源促进不同机构、研究者和教育工作者之间合作和交流。这样可以避免资源的重复开发和浪费，提高资源的共享度和利用效率。同时，开放共享能够为语言资源建设提供更多支持，推动语言教育领域的创新和发展。

（三）对未来建设难点和挑战的预警和应对

未来语言资源建设将面临一些重要的难题和挑战，对此，人们需预警并采取相应的应对策略。资源的高质量建设是一个关键问题。人们需要确保语言资源的准确性、可靠性和权威性，通过严格的质量控制和审核机制，避免不准确或误导性的信息对语言教育产生不良影响。同时，资源的多样性和丰富性需要得到关注，以满足不同学习者的需求。随着科技的不断发展和更新，语言资源建设也需要随之发展。人们应密切关注最新的技术，并及时应用于语言资源建设中。例如，人工智能、机器学习、自然语言处理等新兴技术的运用，可以提高分析和处理语言资源的能力，进行更精准、高效的语言教育。用户需求的多样性也是一个挑战。不同用户具有不同的需求、学习风格和兴趣，因此，人们需要注重用户反馈和需求的收集。通过与学生、教师和其他相关方的密切合作，了解他们对语言资源的期望和需求，并根据反馈进行相应的调整和改进。个性化的资源开发是满足多样化需求的有效途径，如提供个性化学习路径、个性化推荐等，以提供更好的学习体验。

二、对未来语言资源应用的展望

未来语言资源将更加个性化、智能化和多样化，能够根据学习者的需求和兴趣提供定制化的学习体验。同时，语言资源的应用范围扩大，可以为学习者提供沉浸式的语言学习环境。未来的语言资源应用能够促进语言教育的创新和改革，提高学习者的语言能力和交际能力，为他们的个人发展和全球交流做出积极贡献。

（一）对未来应用领域的预测和建议

随着全球化的推进，国际交流日益频繁，人们对多语言能力的需求越来越高。语言资源可以用于职业培训，为人们提供实用的语言学习材料和工具，使人们提升职业技能和跨文化交流能力。语言资源可以帮助移民学习目标国家的语言和文化，提供针对移民需求的教学材料和辅助工具，促进他们的融入和适应。不同国家和地区之间的文化交流对语言能力的要求很高。语言资源可以提供丰富的文化背景和语言实践材料，帮助人们更好地理解不同文化间的差异。

（二）对未来应用模式的分析和建议

未来的语言资源应用模式将呈现个性化和智能化的趋势。个性化的应用模式将更加注重根据学习者的需求和兴趣，提供定制化的学习资源和服务。其可借助大数据分析和人工智能技术，了解学习者的学习偏好、进展和弱点，为他们提供个性化的学习推荐和反馈，提高学习效果和满意度。智能化的应用模式将利用先进的技术和工具，提供更智能、自主的学习体验。虚拟现实和增强现实技术可以创建沉浸式的语言学习环境，使学习者能够身临其境地进行语言实践和互动。智能助手和语音识别技术可以实现自然语言交互，为学习者提供实时的语言指导和反馈。

为了引领未来语言资源应用模式的发展，笔者提出以下建议；首先，注重技术创新和研发，不断引入先进的技术和工具，提升语言资源的智能化水平；其次，加强与教育机构、科技公司的合作，共同探索个性化学习和智能化交互的最佳实践；最后，充分考虑用户体验和用户参与，关注学习者的反馈和需求，不断优化和改进应用模式，确保其实用性和有效性。未来的语言资源应用模式将以个性化和智能化为核心，通过个性化学习推荐和沉浸式学习体验，提供更贴近学习者需求和更有效的语言学习环境。通过持续的技术创新和与教育界、科技界的合作，使未来语言资源应用模式不断进步和提升，为学习者带来更优质、个性化的语言学习体验。

（三）对未来应用难点和挑战的预警和应对

未来语言资源应用面临着一系列挑战和难点，这需要人们做好预警并采取相应的应对策略。用户需求的多样化就是一个挑战，不同学习者具有不同的学习偏好和需求。为了应对这一挑战，相关人员应注重用户反馈和参与，倾听他们的声音，了解他们的需求，以便提供更多样化、个性化的语言资源和服务。随着科技的不断进步，新的技术和工具不断涌现，对语言资源应用提出了更高的要求。为了应对这一挑战，相关人员应加强技术更新和应用，紧跟科技发展的步伐。通过引入先进的技术，如人工智能、机器学习和自然语言处理等，不断提升语言资源的智能化和自动化水平，以满足用户的需求。

此外，数据安全和隐私保护是未来应用中必须面对的重要问题。由于语言资源中包含大量用户数据，因而保护用户的数据安全和隐私成为一项重要任务。相关人员应重视数据安全，采取有效的安全措施，确保用户数据的保密性和完整性。同时，注重隐私保护，遵循相关法律法规和伦理准则，保护用户的个人隐私权益。为了应对未来语言资源应用的难点和挑战，人们需要加强合作与交流。学术界、教育机构、科技公司以及政府部门应加强合作，共同研究解决方案，共享经验和资源。同时，加强国际合作，推动全球范围内的合作与交流，共同应对语言资源应用领域的挑战。

三、对未来语言资源发展的展望

随着科技的不断进步，未来语言资源呈现出广阔的发展前景。

（一）对未来发展趋势的预测和分析

全球化将推动语言资源的发展。随着全球化的加速和跨国交流的增加，语言资源的建设和应用越来越注重跨语言和跨文化的需求。这意味着语言资源需要涵盖更多的语种和文化背景，以促进全球范围内的交流和理解。同时，全球合作和共享将成为语言资源发展的重要方式，通过跨国合作和共同开发，实现资源的共享和互补，提高资源的质量和可用性。语言资源将借助自然语言处理、机器学习和深度学习等技术实现更智能化的应用。这意味着语言资源能够自动分析和处理语言数据，具有高效翻译、语音识别和语义理解等功能。同时，智能化将带来个性化的学习和交流体验，通过智能推荐和定制化的服务，满足学习者和用户的个性化需求。语言资源的建设和应用将越来越注重满足个体的需求。个性化学习路径、个性化学习资源和个性化学习反馈将成为未来语言资源的重要组成部分。通过分析学习者的兴趣、学习习惯和学习进展，语言资源能够提供量身定做的学习内容和反馈，提高学习者的学习效果和动机。

（二）对未来发展机遇的捕捉和利用

在发展过程中，语言资源有很多机遇可以捕捉和利用。科技的迅猛发展无疑是一大机遇。例如，人工智能、大数据、云计算等新兴技术的发展，为语言资源的建设和应用提供了前所未有的可能性和潜力。这些技术可以帮助人们更高效、更精准地收集、处理和分析语言数据，从而提高语言资源的质量。同时，这些技术可以使语言资源的应用更加个性化、智能化，提高教学的效果和效率。此外，科技的发展还可以推动语言资源创新发展。例如，虚拟现实和增强现实技术可以创建沉浸式的语言学习环境，这样有助于提高学生的参与度和体验度。全球化的推进也为语言资源的发展提供了广阔的平台和机会。在全球化背景下，国际交流和合作变得越来越重要。通过国际交流和合作，人们可以获取更广泛、更多元的语言资源，拓宽语言资源的视野和范围。同时，人们可以借鉴和学习国外的成功经验和先进理念，提高语言资源的建设和应用水平。

社会需求的变化是另一大机遇。随着社会的发展，人们对语言的需求也在不断变化，这为语言资源的应用提供了新的空间和方向。例如，随着跨国交流的增加，人们对第二语言的需求也在增加，这为第二语言教育提供了广阔的市场。同时，随着科技的发展，科技英语、计算机语言等专业语言的需求在增加，这为专业语言教育提供了新的发展机遇。此外，随着社会的多元化，对语言多样性和包容性的需求也在增加，这为语言资源的多元化和包容性建设提供了新的机遇。

（三）对未来发展难点和挑战的预警和应对

语言资源在未来的发展中，可能会遇到一系列的挑战和难点。针对这些问题，需要人们提前做好预警和应对，以便在新的环境中，能够做到游刃有余，顺利推动语言资源的发展和应用。其中，技术的快速更新是一个重要的挑战。新的技术，如人工智能、大数据、云计算等，虽然为语言资源的建设和应用提供了前所未有的可能性和潜力，但它们的快速发展和变化也给语言资源的建设和应用带来了压力。这需要人们不断学习和掌握新的科技知识。

此外，人们还需要注意到，科技的发展并非一帆风顺，新技术的应用也可能带来一些新的问题和挑战，如数据安全、隐私保护等。对此，人们需要提前做好预警，积极寻找解决方案，以确保科技在推动语言资源发展的同时，不会带来其他的问题。

资源的高质量建设是另一个重要的挑战。随着社会的发展，人们对语言资源的需求不断增加，这对语言资源的建设提出了更高的要求。一方面，人们需要提高语言资源的质量，确保资源的可靠性和准确性；另一方面，人们需要提高语言资源的数量，以满足日益增长的需求。这需要人们采取有效的质量控制措施，提高语言资源的建设效率。

用户需求的多样性是人们面临的另一个挑战。不同的用户可能有不同的需求，这就需要人们提供多样化的语言资源，以满足不同用户的需求。这无疑对语言资源的建设和应用提出了更高的要求。此外，用户需求可能会随着社会的发展和变化而变化，这就需要人们时刻关注社会的发展，及时捕捉和满足新的需求。

国际交流和合作的差异也是一个挑战。虽然全球化的推进为国际交流和合作提供了广阔的平台和机会，但它也带来了一些差异，如文化差异、语言差异、法律法规的差异等。这就需要人们有足够的文化敏感性和跨文化交流能力，以便有效地进行国际交流和合作。

参考文献

[1] 亢世勇．语言资源开发与应用 [M]. 北京：外语教学与研究出版社， 2018.

[2] 陆芳，刘广，詹宏基，等．数字化学习 [M]. 广州：华南理工大学出版社，2018.

[3] 杨林伟．数字时代下的计算机辅助语言教学：理论与实践 [M]. 济南：山东人民出版社， 2015.

[4] 李晓琪，贾益民，徐娟．数字化汉语教学：2014[M]. 北京：清华大学出版社，2014.

[5] 张普，谢天蔚，蔺荪，等．数字化汉语教学的研究与应用 [M]. 北京：语文出版社， 2006.

[6] 张睿丽．数字图书馆资源管理与建设 [M]. 长春：吉林人民出版社， 2019.

[7] 黄肖俊，吕肖庆，汤帜，等．数字出版与数字图书馆 [M]. 北京：电子工业出版社， 2013.

[8] 曹学艳，张晓东．全媒体环境下的信息资源建设导论 [M]. 成都：电子科技大学出版社， 2017.

[9] 董慧．本体与数字图书馆 [M]. 武汉：武汉大学出版社， 2008.

[10] 苏勇，孙世利，毕崇涛．数字化外语教学研究 [M]. 北京：北京航空航天大学出版社， 2009.

[11] 方卿，曾元祥，敖然．数字出版产业管理 [M]. 北京：电子工业出版社，2013.

[12] 孙继兰．数字出版中的语言服务：自然语言处理技术帮助阅读 [M]. 北京：机械工业出版社， 2014.

[13] 付道明．数字化学习的优化设计与效果研究 [M]. 厦门：厦门大学出版社，2016.

[14] 徐士进，陈红京，董少春．数字博物馆概论 [M]. 上海：上海科学技术出版社，2007.

[15] 何晓萍．数字资源建设与利用 [M]. 南昌：江西科学技术出版社，2006.

[16] 王大可．数字图书馆 [M]. 深圳：海天出版社，2002.

[17] 时建中 . 中国政法大学图书馆资源与服务报告：2018[M]. 北京：中国政法大学出版社，2019.

[18] 薛万新 . 开放存取学术资源建设研究 [M]. 北京：新华出版社，2014.

[19] 刘锦宏 . 数字出版案例研究 [M]. 北京：电子工业出版社，2013.

[20] 贾小强，郝宇晓，卢闯 . 财务共享的智能化升级: 业财税一体化的深度融合 [M]. 北京：人民邮电出版社，2020.

[21] 翟尤，李南，李俊杰 . 数字时代：构建安全共赢新生态 [M]. 北京：电子工业出版社，2021.

[22] 欧石燕 . 语义网与数字图书馆 [M]. 南京：南京大学出版社，2017.

[23] 王新才，江善东 . 基于业务规则的档案信息资源管理 [M]. 武汉：武汉大学出版社，2014.

[24] 过仕明，杨晓秋 . 数字图书馆概论 [M]. 哈尔滨：黑龙江科学技术出版社，2006.

[25] 王素敏，钟健 . 新时代我国应急语言服务资源的建设与完善 [J]. 中南民族大学学报（人文社会科学版），2022，42（11）：144–151，187.

[26] 李惠明 . 基于动态语言资源的灵动课堂建设 [J]. 全国优秀作文选（教师教育），2022（4）：23–24.

[27] 李宇明，施春宏，曹文，等 . “语言资源学理论与学科建设”大家谈 [J]. 语言教学与研究，2022（2）：1–16.

[28] 钱小飞 . 语言数据资源建设中的关键问题及对策 [J]. 语料库语言学，2021，8（2）：94–105.

[29] 张辰麟，王明文，谭亦鸣，等 . 汉语委婉语语言资源建设 [J]. 中文信息学报，2020，34（8）：32–40.

[30] 刘晓海，田列朋 . 应急语言服务领域的语言资源建设与应用：以《疫情防控外语通》研发为例 [J]. 云南师范大学学报（对外汉语教学与研究版），2020，18（4）：17–25.

[31] 郭风岚．人类命运共同体与中国周边国家语言资源库建设 [J]. 语言规划学研究，2018（2）：32–37.

[32] 刘明，彭天笑．军事翻译语言资源平台建设构想 [J]. 云梦学刊，2018，39（2）：12–17.

[33] 何伟，陆叶，苏姗．语言地标：互联网语言资源建设新方法 [J]. 语言文字应用，2016（4）：18–25.

[34] 黄居仁，王世昌．众包策略在语言资源建设中的应用 [J]. 语言战略研究，2016，1（6）：36–46.

[35] 佚名．"服务'一带一路'战略的语言资源建设与开发利用学术研讨会"召开 [J]. 语言文字应用，2015（3）：40.

[36] 萧国政，高精鍊，双文庭，等．词位重构与平行语言资源的再生性建设 [J]. 中文信息学报，2014，28（6）：95–100.

[37] 王曙光．新疆少数民族语言资源数字化建设与检索平台建设研究 [J]. 图书馆理论与实践，2014（9）：97–99.

[38] 吴倩．新疆少数民族语言数字资源建设研究 [J]. 双语教育研究，2014，1（3）：73–79.

[39] 刘华，郭熙．海外华语语言生活状况调查及华语多媒体语言资源库建设 [J]. 语言文字应用，2012（4）：125–133.

[40] 罗昕如．面向博物馆建设的语言资源展示个案研究 [J]. 湘南学院学报，2021，42（6）：78–81.

[41] 金洁．改革开放 40 年达斡尔语语言资源的积累与利用 [J]. 北冰洋研究，2019（1）：141–150.

[42] 陈信．我国少数民族语言数字资源建设研究 [J]. 图书馆工作与研究，2014（10）：30–33.

[43] 孙挺，艾里亚尔·阿不都克里木，李艳菊．新疆少数民族语言特色文献资源库建设与发展研究：以新疆农业大学为例 [J]. 科技情报开发与经济，2014，24（16）：41–43.

[44] 吴倩 . 新疆少数民族语言数字资源检索平台初探 [J]. 农业图书情报学刊，2014，26（1）：37–39.

[45] 李娜 . 用数字化梳理新疆文化资源：新疆少数民族语言文字信息化建设回眸 [J]. 新疆新闻出版，2013（6）：83–84.

[46] 薛鑫卉 . 文化共享工程少数民族语言资源建设现状及展望 [J]. 江西图书馆学刊，2012，42（4）：47–49.

[47] 桂皎 . 社会主义核心价值体系在云南边疆民族地区的建设资源分析 [J]. 云南民族大学学报（哲学社会科学版），2011，28（3）：12–17.

[48] 范俊军 . 少数民族濒危语言有声语档建设初探 [J]. 中央民族大学学报（哲学社会科学版），2011，38（1）：99–106.

[49] 王曙光 . 新疆文化共享工程少数民族语言资源译制的实践与体会 [J]. 图书馆理论与实践，2010（11）：101–103.

[50] 王铁琨 . 基于语言资源理念的语言规划：以“语言资源监测研究”和“中国语言资源有声数据库建设”为例 [J]. 陕西师范大学学报（哲学社会科学版），2010，39（6）：58–66.

[51] 李桂芳，宋继华 . 少数民族多语种小学数学课件的设计与开发 [J]. 现代教育技术，2006（3）：31–35.

[52] 田宣宣 . 语言资源视阈下汉彝对照彝语名词语义网的建设研究 [D]. 成都：西南民族大学，2022.

[53] 郑宇 . 我国少数民族濒危语档资源建设研究 [D]. 昆明：云南大学，2017.

[54] 王雅萱 . 内蒙古通辽市语言生态及语言和谐建设研究 [D]. 长春：吉林大学，2020.

[55] 阎莉 . 语言生态学视角下“一带一路”核心区跨境语言规划研究 [D]. 重庆：西南大学，2018.